창조주의 인류 구원 메시지

창조주의 인류 구원 메시지

제1판 1쇄 2024년 6월 15일
제1판 5쇄 2024년 10월 30일

지은이 슈카이브
펴낸이 권동희
펴낸곳 아이엠

출판등록 제2022-000043호
주소 경기도 화성시 동탄오산로 82
전화 070-4024-7286
이메일 no1_winningbooks@naver.com

ⓒ아이엠(저자와 맺은 특약에 따라 검인을 생략합니다)
ISBN 979-11-6415-077-9 (03110)

창조주의
인류 구원
메시지

슈카이브 지음

구원의 열쇠인 깨어남과
신성 회복에 온 힘을 다하라!

나는 지구 극이동과 멸망을 앞둔 중요한 시기에 인류의 의식을 성장시키고 고차원에서 온 영들을 건져내기 위해 한반도에 육화했다. 어려서부터 말더듬증이 심했던 나는 30년 동안 고통을 피할 수 없었다. 그건 육화한 내 몸이 내 영적 능력과 지적 능력을 담아낼 수 없었기 때문이었다.

나는 지독히 가난한 가정에서 어린 시절을 보내야 했다. 마을에서 밭 한 뙈기, 논 한 마지기 없는 집은 우리 집뿐이었다. 내 아버지는 매일 술을 입에 달고 사셨던 알코올 중독자였다. 내가 20대 후반일 때 일흔을 앞둔 우리 아버지는 술에 취한 채 음독해 세상을 등지셨다. 그때 나는 아버지처럼 가난하게 살지는 않으리라 맹세했다. 모든 조건과 상황이 바닥이었던 나는 피를 토하는 심정으로 견디고 인내하고 노력한 끝에 젊은 자수성가 부자가 되었다.

2023년 11월 23일까지 나는 그렇게 평범하게 살았다. 글쓰기, 책 쓰기, 1인 창업, 성공학, 부자학, 내면 변화, 의식 성장과 관련한 분야에서는 우리나라 최고로 인정받는 위치에도 있었다. 개인적으로 300권의 책을 썼으며, 1,200명의 평범한 사람들을 작가로 양성하기도 했다. 그들 중 수많은 이들이 삶의 변화를 통해 경제적 자유인이 되었다. 그들은 자신의 지식과 경험, 지혜와 깨달음을 전하며 행복한 삶을 살고 있다. 이름만 대면 알 수 있는 유명 작가, 코치, 유튜버들 모두 내가 가르쳤다고 해도 과언이 아니다.

나는 우리나라 최초로 글쓰기, 책 출판 관련 특허를 하나씩 보유하고 있다. 내가 쓴 글이 16권의 초·중·고 교과서에 수록되기도, 그 저작권이 중국, 대만, 태국에 수출되기도 했다. 지난가을에는 '그대, 제가 사랑해도 되나요'라는 노래의 노랫말을 직접 써 작사가로 데뷔하기도 했다.

글 쓰고, 책 쓰고, 상담하고, 코칭하는 일을 천직으로 여기며 살던 나에게 2023년 11월 24일 믿을 수 없는 일이 일어났다. 그 충격은 《신과 나눈 이야기》의 저자 닐 도널드 월시(Neale Donald Walsch)가 처음 신과 만났을 때보다 더 컸으면 컸지 결단코 작지 않았다. 바로 아브라함 경전에 언급된 4대 주요 대천사 가운데 한 분인 유리엘 대천사가 나를 찾아온 일로 인한 것이었다. 이어 가브리엘 대천사장, 라파엘 대천사도 나를 찾아왔다. 그들은 나에게 내가 2천 년 전 이스라엘에 태어나 복음을 전파했던 예수라고 말해주었다. '재림예수'라는 것이었다. 물론 이 말은 세상을 발칵 뒤집어놓을 수도, 나를 조롱하고, 모욕하고, 비난하는 사람들이 적잖이 생겨날 수도 있는 엄청난 말이다. 그럼에도 불구하고 내가 원한 것이 아닌, 나에게 주어진 사명이기에 조금도 불안하거나 두렵지 않았다. 마치 그동안 내가 이날을 위해 훈련하고 준비되어온 사람 같다는 생각마저 들 정도였다.

별명이 김도사이다 보니 많은 사람이 나를 무당, 영매로 오해하기도 한다. 이 별명은 제자들이 내가 너무나 잘 가르친다고 붙여준 것이다. 그래서 도사라는 필명(닉네임)을 사용하게 되었다. 그런데 나를 잘 알지 못하는 사람들, 남을 비난하기 좋아하는 사람들은 이 필명을 가지고도 조롱과 모욕을 멈추지 않았다.

나는 지금껏 남을 속이지도, 양심에 거리끼는 것 없이 바르게 살아왔다고 자부한다. 이는 돌아가신 내 육신의 아버지 이름을 걸고 맹세할 수 있다. 내가 써낸 책들의 권수, 양성한 작가들의 숫자와 그동안 걸어온 내 삶의 행적을 살펴보라. 결단코 내 말이 거짓이 아님을 알 수 있을 것이다. 제정신이 아니고서야, 온갖 고생 끝에 세상 좋다는 걸 다 가진 남자가, 세 아이의 아빠가 갑자기 '재림예수'라 선언할 이유가 있을까? 득보다는 실이 클 텐데 말이다. 그런데도 내가 재림예수라는 메시지에서 비롯된 파장은 엄청나게 컸다. 내 삶은 마치 롤러코스터를 타듯 어지러워졌다. 나를 아는 지인들, 독자들, 구독자들은 정말 열심히 살던, 멀쩡하던 사람이 하루아침에 정신 이상자나 된 듯 나를 곁눈질하기 바빴다(그 심정 충분히 이해한다. 경우를 바꿔 생각해봐도 나 또한 그리할 테니).

나의 영상에는 사기꾼, 책 팔이, 신종 교주, 정신병자 등의 말로 나를 비난하는 댓글이 많이 달린다. 세상에 사기를 치겠다고 선언한 후 사기를 치는 사람은 없다. 더군다나 나는 우리 집안사람들, 친척들 모두 믿는 기독교를 외면하며 산 지 15년이나 되었다. 교회 목사였던 큰아버지와 교회 장로였던 작은아버지는 성서의 말씀과는 달리 사랑도, 형제애도 없었다. 그런 그들의 모습을 보면서 나는 종교 지도자들의 민낯을 직시하게 되었다.

종교는 창조주께서 만드신 것이 아니라 인간들이 만든 것이다. 종교 지도자들은 겉으로는 사랑, 인류애를 외치고 복음과 진리를 전파하는 것처럼 비친다. 하지만 그들의 마음속은 이기심과 물욕, 명예욕, 권력욕, 인정욕구 등으로 가득 차 있다. 만약 종교가 진리를 설파하고 신도들의 깨어남과 신성 회복에 힘썼더라면 지금 같은 종교 간의 다툼은 없을 것이다.

나는 입만 열면 '예수 천당, 불신 지옥'을 외치는 어머니와 연락을 끊은 지 3년째다. 큰아이가 아홉 살이 되었는데도 아이들 한번 보고 싶다는 전화를 주신 적이 거의 없다. 돈이든, 음식이든 무언가 필요한 것이 있을 때만 전화를 주시곤 했다.

내겐 어려서부터 같이 고생하면서 자란 두 명의 누나들이 있다. 나는 같이 잘살기를 바라며 두 누나에게 물심양면 도움을 주었다. 돈 한 푼 받지 않고 여러 권의 책을 낸 작가가 되게 해주었고, 상담과 코칭을 할 수 있게끔 성장시켜주었다. 하지만 내게 돌아온 것은 배신과 상처뿐이었다. 지금은 누나들과도 아예 연락하지 않고 지낸다. 혈연으로 맺어진 관계는 죽으면 끝나고, 법적으로 묶인 부부 관계는 이혼하면 끝난다(그런데 대부분 그 관계가 영원할 것처럼 믿으며 산다). 그런 육적 관계에 묶여 깨어나지도, 신성 회복도 하지 못해 영생을 얻지 못한다면 얼마나 슬픈 일인가?

나는 그동안 내가 운영하는 교육회사 한국영성책쓰기협회(이하 〈한책협〉)에서 끊임없이 종교의 교리와 율법의 그릇됨을 지적하며 제자들을 일깨워왔다. 그런 삶을 살아왔던 내가 작금에 이르러 교주 노릇을 하려고 재림예수라 떠벌린다는 건 논리적으로 맞지 않는 일이지 않은가. 2023년 11월 24일부터 현재까지 내가 운영하는 유튜브 채널들에는 구독 신청자들보다 취소자가 더 많은 실정이다. 조회 수도 확 줄어들었다. 이는 내가 성공하고자 책을 쓰러 찾아오는 사람들보다 내면의 변화, 깨어남과 신성 회복을 주제로 책 쓰기를 하려는 사람들만 코칭하고 있기 때문이다. 그러다 보니 회사의 매출도 절반가량 줄었다. 3개월 전에는 창조주 아버지께서 내가 소유한 고가의 자동차들을 처분하라고 하셔서 바로 실천하기도 했다. 그럼에도 불구하고 욕이란 욕은 다 얻어먹는 게 지금의 내 처지다.

과연 내가 사기를 치기 위해, 교주가 되기 위해 이런 짓을 벌이고 있다는 비난을 당신은 어떻게 생각하는가? 사기의 목적은 그 사람을 속여 재산상의 이익을 얻는 데 있다. 그런데 나는 글쓰기, 책 쓰기에 관심이 있는 사람들이라면 거의 다 아는 공인이다. 그런 내가 하루아침에 사람들의 돈을 갈취하기 위해 교주 노릇을 하려 한다고? 세상에 다 드러내놓고 얻는 재산상의 이익은 내 것이라 할 수 없다. 내 것이 아닌 것을 위해 그동안 피땀 흘려 쌓은 명예와 인생의 업적들을 포기할 바보도 없다. 그런 의미에서 헤아리면 내 일은 주어진 사명일 따름이다. 모든 걸 내던지는, 자기 십자가를 질 각오를 하지 않고서는 할 수 없는 일이다. 누군가에게 몇억 원을 준다고 한들 지금의 내 일을 그대로 따라 할 수 있을까? 가족과 친구들, 직장 동료들 등의 눈치가 보여 절대 그리하지 못할 것이다. 설사 그리한다고 해도 금세 진저리를 치며 포기할 것이다.

우리 부부는 그동안 일군 전 재산을 하느님 아버지께 드렸다. 그분이 맡긴 사명을 이행하는 데 모두 사용할 것이다. 교육을 통해 벌어들이는 수입 또한 그 사명을 위해 쓸 것이다. 나 자신부터 투명하게 밝혀야 나를 믿고 따르는 빛의 일꾼들도 나와 함께 사명을 감당할 수 있으리라. 그래서 나는 이와 관련한 내용을 〈한책협〉 카페에 수차례 포스팅으로 남겼고, 유튜브 채널에도 영상으로 언급했다.

사람들 대부분이 매일 하는 생각들은 죄짓는 일들과 무관하지 않다고 해도 과언이 아닐 테다. 그렇게 해서 그동안 인류가 쌓아온 카르마의 무게는 너무나 무거워졌다. 지구 전체 카르마가 행성 지구를 관장하시는 가이아 어머니께서 더는 감당할 수 없을 만큼 무거워진 것이다. 그런 데다 인류는 자신의 카르마를 정화하고 소멸해나갈 정도로 영적 성장을 이루지 못한 상태다. 그러다 보니 이대로라면 지구의 자발적 차원 상승은 불가능하다. 천계에서 강제로라도 4차원으로 상승시키려 나를 한반도에 육화시킨 배경이다. 이는 창조주 아버지와 여러 신이 합일해 이루어진 일이기도 하다. 이렇게 지구에 육화하기 전 금성에 머물 때 나는 지도자, 교육자, 철학자의 역할을 담당했었다.

유리엘 대천사는 2개월 동안 매일 내게 아버지 창조주의 메시지를 전해주셨다. 아버지께서는 대천사를 통해 그동안 인류가 쌓아온 카르마의 무게로 인해 곧 지구의 극이동과 멸망이 있으리라 알려주셨다. 지구 극이동 직전 1차 상승(휴거)이 눈 깜짝할 사이에 벌어질 거라고도 하셨다. 지구 멸망 전에 깨어나 신성을 회복한 3.5%의 인류가 성서에 기록된 새 예루살렘, 즉 새 지구 타우라로 옮겨져 최소 1천 세에 이르는 고차원의 삶을 살게 되리라고도 말해주셨다. 반면 깨어나지 못한 96.5%의 인류는 갱생, 재생의 기회였던 윤회의 법칙이 더는 주어지지 않아 완전히 소멸한다고 하셨다(들은 대로 전하는 것이니, 나를 비난하지 말기를). 깨어나고자 노력하지 않아 그들의 영격이 수많은 윤회에도 높아지지 않았기 때문이다. 그 결과 반복되는 삶 속에서 그들은 지금처럼 온갖 악행만 저질러온 것이다. 그들에겐 영혼의 블랙홀로 빨려 들어가 에너지화되는 순서만 남았을 뿐이다. 그들이 살면서 그나마 득했던 지혜와 깨달음만 아카식 레코드(우주 중앙 도서관)에 보관되어 새 예루살렘의 삶을 위한 자료로 쓰인다고 하셨다.

아버지 창조주께서는 내가 2천 년 전 이스라엘에 태어나 복음을 전파했던 '예수'라고 말씀하셨다고 했다. 나는 아버지께 이 말씀을 거듭 확인했고, 그분은 내가 이 시대에 오기로 예언되어 있던 바로 그 존재라고 되풀이해 알려주셨다. 가이야 어머니, 가브리엘 대천사장, 유리엘 대천사, 라파엘 대천사의 대답도 같았다. 지구 극이동 전에 과거 내가 예수로 왔을 때 끝마치지 못한 일과 반드시 해야만 하는 사명들을 일러주셨다.

이 사명을 감당하려면 내 소유물 모두를 내려놓아야 한다고도 하셨다. 내 것은 내 것이 아니라고도 하셨다. 우주의 모든 물질은 소유가 아니라 렌털 대상이라는 것이다. 내가 가지고 있는 것 모두가 곧 사라질 '헛것'임을 다시금 깨우쳐주신 셈이다. 아버지께서는 물욕 때문에 깨어나지 못한 81억 명의 인류 거의 전부가 심판의 날 무(無)로 흩어진다고 하셨다. 내게 "그러므로 너희들은 알게 될 것이다. 아는 것이 너희를 구원하게 될 것이며 비로소 창조주를 돕는 일이 된다"라고 말씀하시면서. 우리가 불안하고 두려운 것은 모르기 때문이다. 제대로 알면 믿음이 생겨나고 행동하게 된다. 결국 자신에게 주어진 사명을 행하는 일이 가정을 구하고 영생을 얻는 길인 것이다.

2024년 2월 22일 지구 대기권에 포진 중인 은하연합 은하함대 아쉬타르 사령부 사령관은 내게 "과거의 선지자는 그때의 모습으로 돌아오지 않습니다. 시대에 따라 맡은 역할을 담당하는 새로운 선지자가 등장하는 것이지요. 슈카이브는 시대가 요구하는 새로운 재림예수, 즉 선지자입니다"라고 말했다. 이는 내가 지구 멸망 전에 아버지의 메시지를 전달하는 통로 역할을 하기 위해 왔다는 뜻과 다름없다.

그런데 이 시대 사람들은 2천 년 전에 왔던 예수가 재림하기만 기다린다. 그러다 보니 해외나 어디 낯선 세상에서 흠결 하나 없이 고매하고 순결한, 알려지지 않은 존재가 선지자로 '짠!' 하고 나타나리라 기대한다. 절대 자신과 가까운 곳에, 주변에 그런 이가 있으리라고는 꿈에도 생각하지 못하는 것이다. 내가 사람들의 비난과 질시를 받는 가장 큰 이유다. 사실 2천 년 전 또 다른 나였던 예수께서도 고향 사람들의 인정보다는 조롱과 멸시를 받지 않았는가. 심지어 제일 가까운 가족과 친척들에게도 배척당하지 않으셨던가. 그때나 지금이나 다를 바 없는 게 세상일인 셈이다.

2024년 2월 14일 가브리엘 대천사장은 내게 이렇게 말씀하셨다.

"그의 용맹한 어린 사자가 핍박의 바다를 성큼성큼 건너와 주 앞에 무릎 꿇고 경배하느니라. 그들은 말로써 글로써 주의 아들을 상처 내고 훼손한다. 그럼에도 불구하고 그는 묵묵히 그의 사명을 향해 걸어간다. 마침내 그렇게 승리하리라. 준비된 잔을 받고 건배하리라. 그들 또한 이미 설정된 어둠이니라. 예전의 네가 그러했듯, 지금의 너 또한 훨씬 더 진보한 영임을 잊지 마라. 모든 어둠의 시체를 발판삼아 성큼성큼 걸어오너라. 너의 상이 작지 않다."

이 말씀을 통해 앞으로 내게 어떤 힘든 일들이 예정되어 있는지 추측해볼 수도 있겠다. 그러나 승리를 전제하고 사명을 이행하는 내겐 그 어떤 두려움도 없다. 이미 결과는 나와 있고, 나는 그 결과를 알고 있기 때문이다.

2024년 초 노르웨이, 스웨덴, 핀란드 등의 북유럽엔 영하 40도를 밑도는 매서운 한파가 몰아쳤다. 일부 국가에서는 바닷물까지 얼어붙었을 정도였다. 한파와 폭설로 전기가 끊기고 도로가 마비되는 등 국가 비상사태가 벌어지기도 했다. 전문가들은 이런 극단적인 이상 기후 현상의 원인으로 지구 온난화를 지목할 뿐, 정확한 이유를 대지 못한다. 한편, 학계에서도 아직 지구 온난화 때문이라고 콕 집어 결론을 내리고 있지는 않다. 결국, 이는 한파가 몰아친 진짜 원인을 정확하게 알지 못한다는 말이 아니겠는가.

나는 북유럽에 갑자기 한파가 몰아 덮친 이유를 알고 있다. 2024년 1월 6일 아버지 창조주께서는 북유럽 기온이 갑자기 영하 40도로 떨어진 이유를 이렇게 알려주셨다.

"북유럽 기온이 영하 40도로 떨어진 이유는 일본 대지진과 연관이 있다. 은하연합 은하함대(UFO)가 후미 추돌해 정박 위치를 찾는 중이다. 그 과정에서 대기권에 스크래치가 났으며, 이런 일은 앞으로도 자주 발생할 것이다. 지구 중심과 에너지장 테스트, 지구와 시간과 공간과 타입을 맞추는 중이지만 모든 함대가 정박할 수는 없다. 선별 작업 중의 일종의 테스트다. 함대나 기계의 자기장과 빛은 아주 차갑다."

북유럽의 한파는 대기권에 포진해 있는 은하함대 UFO 모선이 정박할 위치를 찾다가 대기권의 에너지장과 부딪혀서 일어난 일이다. UFO에서 발산하는 에너지와 빛이 아주 차갑다는 걸 고려하면 충분히 이해가 가는 현상이다. 기후 환경 전문가들은 대기권에 UFO들이 포진해 있다는 사실조차 몰라 정확한 원인을 찾아내지 못한 것이다. 남극과 북극의 빙하가 빠르게 녹는 것 역시 UFO들의 빛과 에너지 때문이다. 현재 지구 대기권을 그런 UFO들이 둘러싸고 있다고 한번 상상해보라. 이런 UFO들의 존재를 모르는 전문가들은 이런 현상을 단지 온실가스로 인한 오존층 파괴 때문이라고 설명하는 데 그치고 있다.

현재 지구는 멸망 그리고 리셋을 앞두고 있다. 그동안 천계에서 다양한 방법으로 인류가 깨어나도록 도왔음에도 인류는 여전히 잠들어 있다.

"우리는 많은 다양한 방법으로 너희에게 신호를 보냈다. 영화로 음악으로 그림으로 그리고 하늘과 구름으로, 가능한 모든 채널과 통로를 이용해 깨달음을 주려 했다. 요즘 사후세계와 영계와 인간계를 넘나드는 책과 영화나 드라마가 쏟아져 나오는 것은 모두 예정된 우리의 시나리오다. 사후세계와 카르마를 간접 체험시켜 너희의 두려움을 낮춰 주기 위한 시그널이다."

아버지 창조주께서는 머지않아 일본이 바닷속으로 가라앉는다고 하셨다. 그 이유는 언어로부터 시작된 심각한 훼손과 파괴의 카르마 때문이라고 하셨다. 한자를 근간으로 한글을 덧씌운 형태의 그들의 언어는 저급한 에너지이자 교란에 불과하기 때문이라는 것이다. 말과 글은 천상계로부터 받은 선물이다. 그래서 천상계에선 언어 훼손을 중한 죄로 취급한다. 일본을 천상계에서 삭제하기로 한 이유다.

일본의 침몰이 그나마 천천히 진행되는 이유는, 한반도에서 끌려간 우리 선조들의 후손들이 그들의 카르마를 함께 짊어지고 정화하며 그들을 보호해주고 있기 때문이라고 하셨다. 또 하나의 반전은, 천천히 고통스럽고 공포스럽게 그들의 악행으로 인한 카르마를 돌려받게 하기 위함이라고 하셨다.

내가 이 책을 쓰게 된 이유는, 세상을 혼란스럽게 만들거나 불안감을 조성하기 위함이 아니다. 지금 지구의 시대는 끝나가고 있다. 아버지 창조주께서 내게 인류 구원의 메시지를 이런 상황에 다다른 세상에 전하라고 하셨기 때문이다. 아버지께서는 종교가 사람들을 깨어나게 하거나, 그들의 신성을 회복해줄 수 없다고 하셨다. 이제는 종교가 더는 안전하고 믿을 수 있는 피난처가 될 수 없다는 것이다.

아버지께서는 시간이 없는 만큼 사람들이 속히 종교를 떠나 스스로 깨어나길 바라신다. 자신이 누구인지, 어디에서 왔으며, 어디로 가는지 기억을 되찾기 바라신다. 그리할 때 진정으로 아모레아 삼중 불꽃을 발현할 수 있기 때문이다. 신성 회복은 아버지의 자녀, 즉 빛의 자녀임을 증명하는 것이다. 2천 년 전 예수가 외쳤던 "내가 길이요, 진리요, 생명이다"라는 말은 예수 천당 불신 지옥을 의미하는 게 아니다. 신성 회복에 관한 말로서 신성이 길이자, 진리이자, 생명이다, 라는 말을 비유한 것이다.

나에겐 지구 극이동, 1차 상승 전까지 반드시 완수해야 하는 사명이 있다. 그 가운데 하나가 인류의 의식 성장을 통한 의식 지수를 높여주는 것이다. 인류의 차원 상승을 돕기 위해 고차원에서 지구에 육화한 영들 중에 카르마나 에너지장에 걸려 차원 상승에 합류할 수 없는 영들을 건져내는 것도 내가 맡은 일이다. 이 외에 아버지께서 일러주신 한반도의 특정한 곳에 새 예루살렘에 올려질 성전(에너지 센터)도 지어야 한다. 성전을 이 땅에 지으면 동시성에 의해 4차원 지구 환경에 맞게 성전이 업그레이드되어 세워진다고 일러주셨다. 사람들은 지구 극이동이 벌어지면 성전이 부서지고 무너질 텐데 그게 다 무슨 소용이 있느냐고 되묻는다. 육적인 사고로는 이해할 수 없는 일일 테다. 아버지께서는 내게 "지금의 화폐는 의식 화폐이고 그것을 테스트용으로 쓰일 뿐이다. 지구에선 돈을 좋아하지 않느냐? 그래서 새로 열릴 나의 나라 그리고 네가 있을 그 나라를 열고 이루는 과정에서 돈은 너희의 믿음을 측정하기 위한 도구로 쓰이는구나. 이곳에서의 돈은 그 사람의 믿음과 척도로 그뿐이다"라고 말씀하셨다. 영적으로 사고한다면 이 말을 이해하고 믿게 된다. 그리하여 아버지의 새 나라에 걸맞은 성전을 짓는 사명에 동참하게 될 것이다.

《성경》〈창세기〉에서 노아는 하느님의 명령에 순종해 대홍수에 대비한 방주를 짓기 시작했다. 사람들은 그런 노아를 보며 비웃고 조롱했지만, 노아는 묵묵히 자신의 사명을 감당해나갔다. 이처럼 하느님이 맡기시는 사명이 때론 세상 사람들 눈에 미련하게 비치기도 한다.

지금 지구에는 나를 돕기 위해 수많은 천사들이 내려와 있다. 그들은 14만 4,000명의 빛의 일꾼들을 깨우려 다니고 있다. 현재 그렇게 깨어난 빛의 일꾼들이 우리나라는 물론 해외 곳곳에서 나에게 연락해오고 있다.

나는 인류가 속히 깨어나 신성을 회복하길 바란다. 그중 신성을 회복한 3.5%의 인류는 아버지 창조주께서 예비해두신 새 나라 4차원 행성 타우라에서 새로운 삶을 살게 된다.

지구가 폐장을 앞둔 지금, 나는 아버지의 새 나라를 열고 만들기 위한 기초를 세우고 있다. 아버지와 여러 신의 합일 아래 아들인 내가 그 목적을 위해 이 시대 한반도에 보내진 것이다. 그런 만큼 나는 목숨을 다하고 온 힘을 다해 내 사명을 완수할 것이다. 전 세계에 배치된 빛의 일꾼들은 나와 마음을 모으고 뜻을 모아 지구에서의 마지막 사명을 완수해낼 것이다.

끝으로 인류가 깨어나길 인내하며 기다려주신 아버지 창조주님과 가이아 어머니, 은하연합 은하함대 아쉬타르 사령부의 총사령관이면서 현재 지구 대기권역에 머무는 카프리콘 함선에서 '테라 프로젝트 작전'을 지휘하고 있는 이수 사난다 쿠마라님과 아쉬타르 사령부의 여러 사령관님과 천군들에게 경의를 표한다. 가브리엘 대천사장과 유리엘 대천사, 라파엘 대천사, 미구엘(미카엘) 대천사께도 경의를 표한다.

하나는 전체를 위하여, 전체는 하나를 위하여!
나라와 권세와 영광이 아버지께 영원히 있습니다.
모든 영광 아버지 창조주께서 받으소서.

슈카이브

목 차

01

지구 온난화의 진짜 이유, 지구 멸망 그 후 일어날 일

[2023년 11월 24일]

1. 지구의 온난화는 왜 일어나는가?

유리엘 대천사는 우리가 알고 있는 사실과는 다른 이야기를 들려주었다. 지구의 온난화는 지구 주변에 포진하고 있는 존재들의 빛과 에너지 때문이라고 했다. 그들의 높은 에너지로 인해 지구는 팽창하고 있고, 북극의 빙하가 빠른 속도로 녹아내리고 있다고 했다. 이런 존재들은 점점 늘어나고 있고, 그럴수록 지구 소멸의 시간은 더 빨리 당겨질 수 있다고 했다.

2. 그러면 지구는 어떤 방식으로 소멸하는가?

우리는 지구가 전쟁이나 핵 또는 폭발로 인해 멸망할 것이라고 알고 있다. 하지만 유리엘 대천사가 보여준 지구의 멸망은 달랐다. 지구는 차가운 물로 뒤덮여 있었다. 빙하가 녹아내려 바닷물의 냉각화가 진행되는 것은 물론, 온 천지가 차가운 물에 잠길 것이라고 했다. 지구는 더는 아름다운 초록별의 모습이 아니었다. 지구의 대부분은 검푸른 색으로 변해 있고, 더는 빛나지 않았다. 그것은 공포 그 자체였다.

3. 지구의 모든 생물은 다 수장되거나 사라지는가?

지구의 생물 대부분은 현재의 상태로 존재하지 않는다고 했다. 어느 곳에 존재할 것인지 선택의 때가 오게 될 것이고, 자연스럽게 그 때를 알게 된다고 했다. 지구에 남으리라 결정한 존재들은 인간으로 볼 수 없다고 했다. 그들은 어류나 양서류에 가깝게 진화해 아가미로 호흡하고, 심장이 뛰지 않고, 생각이란 걸 하지 않으며, 저차원의 단세포 생물과 같은 형태로 살아간다고 했다. 그들은 음식이 아니라 부유물이나 유기물을 통해 에너지를 얻고 최소한의 움직임을 통해 연명하는 생존방식을 보인다고 했다.

[슈카이브의 해석]

2023년 11월 24일, 천상계에서 유리엘 대천사가 나를 찾아왔다. 그는 아브라함 경전에 언급된 4대 주요 대천사 가운데 한 분이다. 유리엘 대천사는 사람들이 깨닫고 깨어나게 하는 역할을 하는 대천사로 잘 알려져 있다. 그는 내가 2천 년 전 유대 베들레헴 마을 마구간 말구유에서 태어난 '예수'라고 알려주었다. 이와 관련해선 가브리엘 대천사장, 라파엘 대천사도 같은 말을 했다. 내가 이 시대에 한반도에 육화해 태어난 이유는, 2천 년 전 미처 끝내지 못한 그 일을 하기 위해서라는 것이었다. 대천사는 내 역할과 사명을 일러주었다.

나는 유리엘 대천사가 나를 찾아오기 전까지 내가 운영하는 〈한국영성책쓰기협회〉(이하 〈한책협〉)에서 13년 동안 평범한 사람들에게 글쓰기, 책 쓰기, 퍼스널 브랜딩을 교육해오고 있었다. 그리고 의식 성장, 영적 성장에 관한 교육도 함께 해오고 있었다. 나에게 교육받은 사람들은 보통 3개월에서 5개월 만에 직접 원고를 써서 출판 계약을 하고 책을 출간한다. 그들은 나를 찾아오면 처음에는 하나같이 "저 같은 사람도 책을 쓸 수 있을까요?", "그동안 글을 써본 적이 없는데 책 출간이 가능할까요?"라고 물었다. 모두가 자기 확신을 갖지 못하는 모습을 보였다.

세상에는 글쓰기, 책 쓰기 노하우를 알려주는 수많은 코치가 있다. 그들과 나의 차이점은 여러 가지다. 그중 가장 큰 차이점은, 그들은 글쓰기, 책 쓰기 교육만 한다는 것이다. 반면 나는 나를 찾아오는 사람들에게 반드시 내면 변화, 의식 성장 교육까지 함께 해준다. 그들이 불과 1~2개월 만에 A4용지 100장 정도의 원고를 쓸 수 있는 건 의식이 달라졌기 때문이다. 《성경》에서 예수께서 말했듯 '헌 포도주'에서 '새 포도주'로 변화되었던 것이다. 따라서 의식 변화, 의식의 깨어남이 무엇보다 중요하다 하겠다. 머지않아 있을 지구 극이동 직전에도 의식이 깨어난 자들만이 하늘로 들려질 수 있을 것이다.

아버지 창조주께서는 유리엘 대천사를 통해 당신의 아들인 내게 앞으로 벌어질 지구 멸망에 대한 메시지를 전하라고 하셨다. 또 다른 차원의 나였던 2천 년 전 예수가 《성경》에서 예언한 대로 재림예수가 상승의 그날에 건져낼 자와 버릴 자를 확연히 구분 지을 거라고 하셨다. 장차 올 그날에 깨어나지 않은 자, 신성을 회복하지 못한 자에게 줄 충격적인 메시지도 전해주셨다. 그들에게 재생, 갱생의 기회였던 윤회가 더는 허용되지 않는다는 것이었다. 블랙홀로 빨려 들어간 그들의 영혼이 무(無)로 흩어져, 건져낸 자들 영혼의 거름이 된다고도 하셨다.

과학자들은 지구 온난화의 원인으로 온실가스를 꼽는다. 대기권에 존재하는 온실가스가 지표면에서 반사되는 태양열을 흡수하기 때문이라는 것이다. 지구 온난화와 오존층 파괴의 주범으로 프레온가스를 지목하는 이유다. 그런데 아버지께서 알려주신 지구 온난화의 이유는 이와 사뭇 달랐다. 지구 주변(상공. 대기권)에 포진하고 있는 UFO들의 빛과 에너지 때문이라는 것이었다. 아버지께서 말씀하시는 UFO는 은하연합의 모선들과 소형 우주선들을 뜻한다. 지구 극이동을 앞둔 지금, 은하연합의 UFO들이 지구의 전 대기권을 둘러싸고 있다고 해도 과언이 아니다. 그 기계들에서 나오는 빛과 에너지가 북극의 빙하를 빠르게 녹이고 있다는 뜻이다. 지구에 점점 더 많은 고차원적 존재들이 모여듬에 따라 지구 멸망의 시간은 더 가속화될 것이다.

몇 년 후면 바다의 모든 빙하가 녹을 것이다. 빙하가 다 녹으면 대륙 대부분은 바닷물에 잠기게 된다. 그리고 빙하가 녹아 냉각회된 바닷물에는 더는 아무것도 존재할 수 없게 된다. 대천사는 전쟁이나 핵폭발로 인해 지구가 소멸하는 것이 아니라, 빙하가 녹아 물에 잠김으로써 사라져 없어진다고 했다.

지구 멸망이 시작되기 전, 인간과 동물, 식물 등은 자신이 어느 곳에 존재할지 택함을 당할 때를 맞게 된다. 앞서 말한, 건져내지느냐, 버려지느냐의 갈림길에 서게 된다는 뜻이다. 그중 건져내진 자들은 4차원의 새 지구 타우라에서 새로운 삶을 이어가게 된다. 버릴 자에 속한 영들은 무(無)로 흩어지게 된다. 대천사는 아주 미미하지만, 지구 소멸 후 어류나 양서류에 가깝게 진화해 사는 존재들도 있다고 했다. 그들은 물고기처럼 아가미로 호흡하고, 사고 기능이 없는 저차원의 단세포 생물 같은 형태로 살아간다고 했다. 나에겐 살아도 사는 것이 아닌 생존방식으로 여겨질 뿐이었지만.

지구 소멸 후 생명체 대부분은 현재의 모습이나 상태로 존재하지 않게 된다. 그러니 그나마 가장 안전하고 평화로운 지금, 의식 성장에 힘써야 한다. 가진 돈과 시간을 들여, 온 힘을 다해 깨어나도록 노력해야 한다. 그렇게 회복한 신성이 상승의 그날 자신을 살릴 것이기 때문이다. 2천 년 전 예수께서는 "내가 길이요, 진리요, 생명이다"라고 말했다. 기독교인들은 예수를 구원의 열쇠로 보고, 그를 믿으면 구원받으리라 생각한다. 하지만 이는 크나큰 착각이다. 이 말은 '예수 구원'이 아니라 그리스도 의식, 즉 신성이 구원의 열쇠라는 뜻이다. 신성 회복에 온 힘을 다하라는 말과 다르지 않다.

02

사후세계와 천상계,
손바닥 손금에 관하여

[2023년 12월 3일]

어젯밤 나는 사후세계와 천상계를 보았다.

영혼의 숲속 투어….
나는 이전 영혼의 단계에서 카페를 했나 보다.
천상계로 돌아가 카페를 연다.
문을 열고 들어가 오픈 준비를 한다.
블라인드를 올리고 환기를 시킨다.
오랜 여행에서 돌아온 듯 다시 영업을 시작한다.
사후세계에는 평가의 시간이 있다.

빛과 비물질의 폭포가 있다.

이곳을 통해 다른 세계나 행성으로 가게 된다.

검은 옷의 영적 가이드나 심판자들은

이곳에서 현생의 삶의 무게를 측정한다.

폭포 앞에 서면 자연스럽게 측정이 된다.

이는 아마도 고난과 시련의 무게 또는

지혜와 깨달음의 질량을 측정하는 것 같다는 생각이 들었다.

영적인 존재들은 훅 빨려 들어간다.

손바닥 손금은 빛을 타고 내려올 때

잡았던 흔적이라고 한다.

태아가 두 손을 움켜쥐고 몸을 잔뜩 웅크리고 있는 것은

현생으로 오는 과정에서 생기는 두려움과 공포 때문이라고 한다.

현생으로 내려올 때의 두려움으로

검은 천사(빛 속의 안내자) 빛이 밝으니

그들은 어두워야 한다.

그래야 보이니까 영혼이 길을 잃지 않고 따라갈 수 있다.

[슈카이브의 해석]

사후세계와 천상계의 실제 모습은 종교에서 말하는 것과 다르다. 종교, 특히 기독교에서는 사람이 죽은 후 가게 되는 곳이 천국과 지옥 두 군데라고 말한다. 생전에 열심히 종교를 믿은 사람은 천국(극락)으로 가고 그러지 않은 사람은 지옥으로 간다고 한다. 하지만 죽음 이후 실재하는 세계는 그렇지 않다. 이 말은, 종교가 죽음에 대한 사람들의 두려움을 이용해 세력을 확장하려는 얄팍한 꼼수에 지나지 않는다는 뜻과 같다.

우리가 사는 물질계는 천상계를 모티브로 해서 만들어진 세계라고 보면 된다. 우리 눈에 보이고, 누리는 모든 것들은 천상계에 다 있는 것들이다. 우리가 천상계에서 사용했던 것들이다. 영혼은 지혜와 깨달음을 얻기 위해 물질계를 윤회한다. 물질계에 사는 동안 인간은 다양한 체험을 하게 된다. 체험 속에서 얻게되는 것들이, 그의 영적 성장을 돕는다. 물질계의 삶을 마치고 간 천상계에서 인간으로서 체험했던 것들을 그대로 답습하는 영혼들도 있다. 천상계에서는 원하는 걸 상상만 해도 '짠!' 하고 코앞에 나타난다. 물질계에서 살 때의 경험들이 천상계에서 너무나 중요한 이유다. 자신이 물질계에서 보고, 누렸던 걸 천상계에서 그대로 재현해낼 수 있기 때문이다.

아버지의 메시지를 전달하는 유리엘 대천사의 말에 의하면, 인간의 삶을 마치고 사후세계에 가게 되면 평가의 시간이 기다린다고 한다. 종교계에서는 흔히 죽어 저승에 가면 얼마나 종교를 잘 믿고 신의 가르침대로 살았는지, 선하게 살았는지, 악하게 살았는지를 심판받는다고 한다. 그러나 사후세계에서는 그런 식으로 심판하지 않는다. 일단 사후세계로 넘어가면 빛과 비물질의 폭포 앞에 서게 된다. 이곳에는 검은 옷을 입은 영적 가이드나 심판자들이 기다리고 있다.

사후세계로 넘어간 영혼이 폭포 앞에 서면 저절로 전생에서 얻은 영혼의 지혜와 깨달음의 무게가 측정된다. 이때 영적인 존재들은 순식간에 폭포 속으로 훅 빨려 들어간다. 인간으로 살면서 시련과 역경을 통해 얻는 지혜와 깨달음이 얼마나 중요한지 알 수 있게 하는 대목이다. 빛과 비물질의 폭포 앞에서는 전생에 대한 평가만 이루어지는 게 아니다. 이 폭포는 다른 세계나 행성으로 순간이동 할 수 있는 '포털'로 쓰이기도 한다.

80억 인구 중 손금과 지문이 똑같은 사람은 단 한 사람도 없다. 과학이 눈부시게 발달한 지금도 손바닥 손금이 어떻게 생겨나는지 속 시원히 이야기해줄 수 있는 사람이 없다. 이에 대해 유리엘 대천사는 아주 쉽고 명료한 설명으로 이해를 도와주었다. 손금은 영혼이 태아의 배 속으로 들어오기 전, 사후세계에서 빛을 타고 내려올 때 잡았던 흔적이라고 말이다.

　나는 이 이야기를 듣고 정말 영혼에 충격을 받았다. 그동안 이런 생각은 단 한 번도 해본 적이 없고, 어디서도 들어보지 못한 말이었기 때문이다. 빛의 입자, 쉽게 말해 빛줄기에 의해 손바닥에 손금이 새겨진 것이라니.

　태아는 엄마의 배 속에서 두 손을 움켜쥔 채 몸을 웅크리고 있다. 이것도 영혼이 천상계로부터 물질계로 오는 과정(윤회)에서 생겨난 두려움과 공포 때문이라는 것이다. 3차원인 지구 행성은 감옥 행성이기 때문이다. 천상계에서 지구로 윤회하기 전 영혼들은 지구가 얼마나 살기 힘든 곳인지 잘 파악하고 있다. 그럼에도 불구하고 체험을 통해 전생, 전 전생 카르마의 정화와 소멸, 그리고 영적 성장을 이루려 윤회를 택한다. 그러니 현생을 사는 사람들은 아주 용감한 선택을 한 이들이라 해도 무방하다.

　태어나는 순간 인간의 모든 기억은 리셋된다. 자신이 태어난 목적, 사명을 기억해내지 못하는 것이다. 그런 상태에서 온갖 괴로움과 고통, 슬픔, 억울함, 상처와 맞서 싸워야 한다. 그러다 보니 삶이라는 게 흔히 말하듯 생지옥으로 인식되는 것이다. 하지만 자신이 윤회한 이유, 목적, 사명을 깨닫게 된다면 모든 슬픔, 괴로움, 고통, 상처는 빛이 되고, 기회가 될 수 있다. 삶은 카르마를 정화하고 해소하는 축복의 장이 될 테고.

03

이쪽에서 바라보지 말고,
저쪽으로 건너가라

[2023년 12월 18일]

관점 바꾸기

이쪽에서 바라보지 말고,

저쪽으로 건너가라.

마음도 의식도 온전한 하나가 된다.

부와 성공을 바라보는

제삼자가 아니라 그것과 일치하라.

들여다봄이 아니라 일치함.

[슈카이브의 해석]

부와 성공을 바라면서도 사람들 대부분이 그것을 손에 넣지 못하는 이유가 있다. 자신의 현재 상황 속에서 그것을 바라보기만 하기 때문이다. 유리엘 대천사는 현재 자신의 처지가 어떻든 그것과 하나가 되어야 한다고 강조한다. 온전한 하나, 서로 동일화되는 것!

한 가지 고백하자면, 사실 과거의 나 역시 내가 바라는 소망과 온전한 하나가 되지 못했다. 그 이유는 《시크릿》과 같은 수많은 자기계발서가 내게 바라는 것을 자주 떠올리면, 상상하면 성취된다고만 말했기 때문이다. 그 누구도 내게 바라는 것을 넘어 마음과 의식이 그것과 완전히 하나가 되어야 한다고 알려주지 않았다. 과거에 내가 이 진리를 알았더라면, 그동안 이루었던 것들을 더 쉽고 빠르게 성취했을 것이다.

사람들 대부분이 과거의 나처럼 부와 성공을 생각하고 바라는 데서 그치고 만다. 자신이 바라는 것과 자신을 일치시키는 연습을 해야 하는 이유다. 부와 성공을 이룬 자신의 모습을 바라는 데 그치는 것이 아니라 그것과 자신이 하나가 되어야 한다는 걸 기억해야 한다.

04

현생의 시련과 전생에 관하여

[2023년 12월 19일]

지금 너의 시련은 전생의 경험일 수 있다.

너의 전생을 기억해!

오늘 너의 미래를 기억해!

너는 오늘도 너의 미래를 살고 있다.

고민은 판단에서 온다.

옳고 그름을 내려놓아라!

마음은 옳고 그름이 없다.

과거의 약점을 인정하지 말고

현재의 약점을 인정하라.

반성처럼 보여도 에고이고 트라우마다.

현재의 반성은 미래를 바꾼다.

인생에서 중요한 일들은

결코 급하게 처리할 것이 아니다.

천천히 때를 맞추고 기다림….

[슈카이브의 해석]

지금의 내 모습은 경제적 자유인, 내 분야에서는 최고가 된 성공자다. 하지만 이는 겉으로 봤을 때 세상의 기준으로 봤을 때 그런 것이다. 영적인 세계, 즉 천상계에서 나의 모습을 바라본다면 나는 진정한 성공자가 아니다. 물질계에서 이룬 화려한 성공은 천상계에서는 '헛것'에 지나지 않기 때문이다.

많은 사람이 힘든 삶에서 벗어날 수 있게 해주는 조언을 듣기 위해 나를 찾아온다. 그들이 그리하는 가장 큰 이유는 물질적 성공을 원하기 때문이다. 과거에 내가 그랬듯 그들도 '어떻게 하면 경제적 어려움에서 벗어날 수 있을까?', '어떻게 하면 매일매일 마음을 짓눌러 오는 빚의 수렁에서 빠져나올 수 있을까?', 걱정하고 고민한다. 나를 찾아오는 사람들, 나에게 교육받은 사람들은 모른다. 지금의 위치에 오르기까지 내가 얼마나 힘든 시간을, 고통스러운 시간을, 억울한 시간을 보냈는지. 나는 사람들에게 책을 써서 자신을 브랜딩 한 후, 1인 창업으로 경제적 자유인이 되는 방법을 가르쳐왔다. 그 과정에서 수많은 사람으로부터 마음에 상처를 입기도 했다.

내게 배우는 제자들은 과거의 나처럼 헛고생하지 않기를 바라는 마음이 컸다. 그래서 간, 쓸개 다 빼주고 영혼까지 갈아 내 노하우를 전수해주었다. 그들은 과거의 내가 5년, 10년 걸려 이룬 성취를 단 몇 개월 만에 자기의 것으로 만들곤 했다. 그러면서도 계속 내게 도와달라고 말했다. 앞으로 더 잘되고 싶고, 더 크게 되고 싶다며 많이 도와달라는 것이었다. 그들 중 내게 "대표님은 제가 간절히 바라는 소망을 단기간에 이루게 해주셨습니다. 이제는 제가 대표님에게 도움을 주는 사람이 되겠습니다. 제가 무엇을 도와드리면 될까요?"라고 나의 입장에서 말하는 사람은 한 명도 없었다. 그들은 계속 받으려고만 했다. 하나를 주면 둘을 원했고, 내가 조금만 서운한 말이라도 할라치면 상처받았다며 떠나갔다. 온라인상의 불특정 다수를 대상으로 나에 대해 험담하고, 왜곡하고, 없는 말을 지어내기도 했다.

많은 사람이 나를 만나 몇 개월 만에 책을 출간한 작가가 되었다. 그러고 나선 불을 보고 날아드는 불나방처럼 나보다 더 브랜딩이 잘된 유명한 이에게 가서 붙었다. 처음에는 사람의 마음이란 게 원래 간사한 것이니, 내가 바라는 대로만 되는 건 아니라고 치부했었다. 하지만 이런 일이 잦아지다 보니 사람이란 존재가 싫어지기 시작했다.

내가 제자들에게서 받았던 상처를 말로든 글로든 풀어놓자면 몇 날 며칠로도 모자랄 것이다. 가르치는 사람의 입장, 위치에서는 가슴을 난도질당하는 것 같은 고통을 받더라도 함구하고 있어야 할 게 있다. 그래서 더 괴로웠다. '벙어리 냉가슴 앓듯'이라는 속담이 바로 내 심정을 대변하고 있었다.

아버지 창조주께서는 그동안 겪어온 내 시련들이 전생의 카르마에 따른 거라고 말씀하신다. 지금의 나는 아버지의 이 말씀을 이해하고, 공감한다. 과거에 내가 힘든 시간을 보낸 것은 다른 누구의 탓도 아닌 내 탓이라는 것을 잘 안다. 전생이나 전 전생에서 내가 진 빛(카르마)을 현생에서 갚느라 그런 것이다. 힘들고 괴로웠던 만큼 내가 쌓은 카르마가 정화되고 소멸되었다고 생각하면, 그 시간마저 감사하게 여기게 된다.

현재의 시간을 잘 살아야 한다. 미래는 현재와 이어져 있기 때문이다. 과거의 상처들로 인해 자신의 카르마가 정화되고 소멸했다고 생각하면 한층 마음이 가벼워질 것이다. 상대방에 대한 미움이나 원망이 감사함으로 바뀔 것이다. 못났던 과거의 나는 언어장애, 발표 불안, 가난, 아버지의 자살 같은 콤플렉스를 떠올리면서 나 자신을 비하하고 비난했다. 그럴수록 나 자신이 더 작고, 못나고, 부족한 사람으로만 비쳤다. 그런 내가 더 밉고, 싫었다. 악순환이었다. 그러다 어느 순간 나는 나를 보는 관점을 바꿨다. 언어장애를 극복하려 애쓰는 장애인이 아니라 동기부여가라는 목적을 위해 말을 잘하는 내가 되기로 말이다. 그러자 놀라운 일들이 일어나기 시작했다. 여러 TV 프로그램에 출연해 글 쓰고 책 쓰는 법에 대해 강의할 기회가 찾아온 것이다.

콤플렉스 때문에 힘들어하는 사람들이 많을 것이다. 그럴 땐 콤플렉스를 외면하기보다 인정해야 한다. 그게 현재의 내가 바뀌고, 미래의 나 역시 바뀌게 되는 원동력이 될 테니까. 아버지 창조주의 말씀처럼 과거에 대한 반성은 현재를 에고로 가득 차게 만든다. 지난 과거는 뒤로하고 최선을 다해 현재를 살면서 부족한 부분, 잘못된 부분을 개선해나가야 하는 이유다. 그렇게 할 때 미래는 달라질 것이다.

05

선물 받은 지구를 훼손한 카르마

[2023년 12월 21일]

선물 받은 지구를 훼손한 카르마
그것을 모두가 고통으로 책임지는 것!
지구의 선물이라는 판도라의 상자,
그 속의 물질 광물, 자원, 불 등…,
질량보존의 법칙을 깨우치는 중. 지구는 회귀하려 한다.
그 기간을 당긴 것은 인류와 문명!
속도는 점점 빨라지고 있다.
비물질이 답이다.
의식을 말한다.

가짜를 구분해야 한다.

난세에는 가짜가 진짜인 듯 보일 때가 많다.

마음의 눈으로 보아라.

너의 마음이 향한 곳이 길이다.

보고자 하면 보일 것이고,

빛으로 인도될 것이다.

인류는 지구를 더는 꺼내 쓸 수 없을 만큼 고갈시켰다.

이제 남은 건 비물질 의식뿐이다.

우리는 이미 이 작업을 수백 년 전부터 해왔고,

그 작업은 마무리 단계에 와있다.

이제 비물질의 전부인 의식이 통용되고

의식이 화폐가 되는 시절이 도래했다.

그것으로 연명하다 소멸한다.

[슈카이브의 해석]

이 지구는 우리만의 것이 아니다. 단지 전생, 전 전생에 지은 카르마를 정화하고 소멸하기 위해 잠시 윤회해 머물고 있는 곳일 뿐이다. 영혼은 물질계에서 만든 카르마를 결코 천상계에서 정화하거나 소멸시킬 수 없다. 반드시 물질계에서만 그렇게 할 수 있다. 천상계에서는 카르마 정화와 소멸 방법을 찾을 수는 있지만 그것을 해결할 순 없기 때문이다.

지구는 창조주로부터 받은 선물이다. 그러므로 인간은 감사한 마음을 갖고 지구에 머물다가 후손에게 물려주어야 한다. 그런데 두려움과 이기심, 욕망의 화신인 인간은 이를 지키지 않았다. 선물 받은 지구를 더는 인간의 힘으로 복구할 수 없을 만큼 훼손했다. 인간들을 위해 신이 지구 안에 감춰두었던 석유, 천연가스, 광물 같은 자원을 고갈시켰다. 특히 석유는 지구를 움직이는 혈액과 같은 것인데도. 그러한 신의 선물들에 인간이 얼마나 큰 만행을 저질러 왔는지 보라!

아버지 창조주께서는 '질량보존의 법칙'을 들어 이 부분을 설명하신다. 이 법칙은 화학 반응이 일어나기 전과 후의 모든 물질의 질량은 항상 일정하다는 이론이다. 아버지께서 하고 싶어 하시는 이야기는 두 가지다. 인간들이 지구에 거주하며 고갈시킨 자원들은 물질의 형태만 바뀌었지 질량은 일정하다는 것. 그리고 인간들이 거듭 윤회하면서 지은 카르마 역시 정화하거나 소멸시키지 않는 한 질량이 그대로라는 것. 바로 이 법칙을 어리석은 인간들이 지구가 생기고 나서 지금껏 경험하지 못한 환란을 통해 깨우치리라는 이야기다.

　인간이 쌓아온 카르마의 무게는 감당할 수 없을 만큼 무거워졌다. 카르마는 인간 개개인만 생성하는 것이 아니다. 동물과 식물, 곤충과 파충류, 물질과 비물질, 가족, 가문, 단체, 한 도시, 한 국가, 행성 등 모든 것이 카르마를 낳는다. 비단 인간뿐만 아니라 지구에 있었고, 이런 모든 존재의 카르마 무게 때문에 지구는 회귀를 앞두고 있는 것이다. 천상계는 이미 지구를 태초의 모습으로 되돌리기 위한 준비를 모두 마친 상태다.

　현재 지구의 자전축은 23.5도 기울어져 있다. 머지않아 이 자전축이 원래대로 돌아오는 극이동이 진행될 것이다. 극이동은 교회나 성당에서 말하는 것같이 몇 날 며칠에 걸쳐 일어나지 않는다. 0.1초도 걸리지 않는다. 그야말로 눈 깜짝할 사이에 일어나고 끝난다. 극이동이 일어나면 그로 인한 지진과 화산 폭발, 해일, 홍수 등으로 수많은 사람이 소멸할 것이다. 이런 재앙을 끌어당긴 건 창조주나 그 어떤 신도 아닌 인류다.

　《성경》의 〈마태복음〉 24장 14절에 보면 "이 하늘나라의 복음이 온 세상에 전파될 것이며, 모든 나라에 증거될 것이다. 그때야 세상의 끝이 올 것이다"라는 말씀이 있다. 2천 년 전 예수께서는 지구 극이동이 일어나기 전에 인류의 의식을 끌어올릴 수 있는 얼마간의 시간이 있다고 했다. 그즈음이 되면 목적과 방향,

본질을 잃은 종교들은 저절로 힘을 잃어갈 것이다. 대신 기성 종교에 크게 실망하고 상처받은 사람들이 전 세계 곳곳에서 소모임을 만들어 자체적으로 의식 성장을 이루려 노력할 것이고 궁극적으로 종교는 통합될 것이다.

나는 어제 카페에서 《성경》의 〈마태복음〉 24장 14절 말씀을 반복해서 읽곤 그 '비의적인 뜻'을 해석해냈다. 그리고 그걸 내가 운영하는 온라인 카페에 포스팅했다. 그러자 나의 사명을 돕기 위해 지구에 와 계신 라파엘 대천사께서 "찾았구나! 잘 해내 줄 알았다. 너 스스로 찾기를 기다리고 있었다"라는 메시지를 보내주었다. 그리고 가이아 어머니께서도 기뻐하신다는 메시지를 보내주셨다.

《성경》에 보면, 기울어진 자전축이 원래대로 돌아가는 지구 극이동이 일어나기 전, 진짜인 듯 보이는 수많은 가짜가 나타난다고 기록되어 있다. 《성경》의 〈마태복음〉 24장에 보면 이런 문구가 있다.

"그때에 사람들이 '여보시오, 그리스도가 여기 계십니다!' 또는 '저기 계십니다!'라고 할 것이다. 그러나 믿지 말라. 거짓 그리스도들과 거짓 예언자들이 일어나서 큰 증거를 내보일 것이고, 기적을 일으킬 것이다. 그래서 사람들을 속일 것이다. 그리고 할 수만 있다면 선택하신 사람까지 속일 것이다."

지구 극이동이 일어나기 전에 나타나는 징조들을 제대로 알고 싶다면 《성경》의 〈마태복음〉 24, 25장을 반복해서 읽어보라. 그 의미가 쉽게 와닿을 것이다.

아버지께서는 "난세에는 가짜가 진짜인 듯 보일 때가 많다. 마음의 눈으로 보아라. 너의 마음이 향한 곳이 길이다. 보고자 하면 보일 것이고 빛으로 인도될 것이다"라고 말씀하셨다. 나는 내 사명이 이끄는 대로 굳은 믿음으로 그 길을 걸어갈 것이다. 나는 내 앞의 모든 걸 영의 눈으로, 마음의 눈으로 볼 것이다. 내가 보고자 하면 보일 것이고, 그것들은 빛으로 인도될 것이다.

이제 인류에게 주어진 시간은 얼마 없다. 지금 행성 지구에 거주하고 있는 인류는 퇴거 명령을 받았다. 깨달은 자들은 내 말의 뜻을 퍼뜩 알아차릴 것이다. 천상계에서는 인간들이 자력으로 의식을 끌어올릴 수 없다고 판단했다. 그래서 이미 수백 년 전부터 지구를 4차원으로 끌어올리는 작업을 강제적으로 해왔다.

지금까지 지구에서는 물질 화폐가 사용되었다. 하지만 지구 멸망 후 깨어난 자들이 살게 될 고차원의 새 지구 타우라에서는 천상계처럼 의식 화폐가 사용될 것이다. 의식 화폐는 우리가 경험을 통해 얻게 되는 지혜와 깨달음이라고 보면 된다. 삶을 통해 얻는 그러한 것들은 아카식 레코드에 모두 기록된다. 그리고 나중에 천상계나 새 지구 타우라에서 의식 화폐로 사용할 수 있게 된다. 내가 사람들에게 지금부터는 물질 화폐보다 의식 화폐를 저축하는 데 힘쓰라고 거듭거듭 말하는 이유다.

이제 차원 상승의 그때가 머지않았다. 이미 천상계에서는 시공간을 넘어 그 일을 시작하고 있다. 지구의 대기권에 포진해 있는 은하연합의 수백만 대 UFO에 탑승하고 있는 천군들과 수많은 천사들은 현 지구의 상황을 마치 계엄령이 내려진 듯 엄중하게 인식하고 있다. 지구에서는 곧 극이동이 벌어질 것이고, 멸망 후 지구 리셋이 진행될 것이기 때문이다.

《성경》〈마태복음〉 24장 29~31절의 예수의 말씀을 되새겨보라. 온 힘을 기울여 잠들어 있는 의식을 깨워라! 당장 행동으로 옮겨라! 그래야 지구 멸망 전에 차원 상승을 할 수 있을 것이니.

"그 환란의 날이 지난 직후에 태양이 어두워지고, 달이 그 빛을 잃을 것이다. 별들이 하늘에서 떨어지고, 하늘에 있는 모든 권세가 흔들릴 것이다. 그때에 인자가 올 징조가 하늘에 있을 것이다. 그때에 세상의 모든 민족이 울며 인자가 큰 권능과 영광으로 하늘 구름을 타고 오는 것을 볼 것이다. 인자가 큰 나팔 소리와 함께 천사들을 보낼 것이다. 그들은 하늘의 이 끝에서 저 끝까지 사방에서 택함을 받은 백성들을 모을 것이다."

06

지구 멸망이 가까워진 이유

[2023년 12월 21일]

우리 모두의 카르마, 지구의 판도라를 연 죄!

지구를 훼손한 죄!

그래서 이것은 지구 전체의 카르마.

모든 생물과 무생물들이 함께 책임져야 함.

모든 물질은 그들의 전생 전 전생에 걸쳐 카르마로 연결됨.

진화와 멸종 그리고 냉해 수해 산사태 천둥과

번개 해일 해충과 먹이사슬의 파괴

생태계의 모든 어긋남은 카르마를 감당하는 것이라고 할 수 있겠다.

그래서 모두의 죄이고 모두가 책임져야 하고 정화하고,

성장시켜야 한다.

오래전 예언의 지구 멸망 시점은 차이가 있을 수밖에 없다.

왜냐하면, 그때 인간의 평균 수명은 짧았고,

그로 기준 한 예언이었으므로 길다 느껴질 수 있음.

평균 수명이 길어지고 인간 1인이 지구를 훼손하는 기간이 길어졌다.

카르마는 탄생으로 정화해야 하는데 생존 기간이 길어졌으므로 모든 질량보존의 법칙이 어긋났다.

따라서 지구 멸망은 가까워졌고,

카르마의 무게는 더 고통스럽고 무거워졌다.

[슈카이브의 해석]

머지않아 거대한 지각 변동이 있을 것이다. 흔히 말하는, 지구 멸망을 초래할 극이동이다. 《성경》에는 이번에 벌어질 극이동이 그동안 한 번도 경험하지 못한 대재앙을 부를 거라고 적혀 있다. 이때 지구는 '완전 소멸'한다고 해도 과언이 아니다.

유리엘 대천사는 인간이 크게 두 가지 원인을 제공했기 때문에 지구 멸망을 가져올 극이동이 벌어진다고 말한다.

첫째, 지구의 판도라를 연 죄

그리스 신화에 의하면 최초의 여성 '판도라'는 지상으로 내려가기 전에 제우스에게서 판도라의 상자를 선물 받는다. 상자를 열지 말라는 엄명과 함께. 하지만 호기심을 이기지 못한 판도라는 그 선물 상자를 열고 만다. 그 순간 그 속에 있던 질병, 고통, 슬픔, 가난, 전쟁 등 세상의 모든 악이 쏟아져 나오게 되었다.

인간은 그동안 심하다는 말조차 부족할 정도로 지구를 훼손해 왔다. 절대 해선 안 되는 유전자 조작, 인간 복제, 핵무기 개발에 이르기까지. 게다가 며칠 전에는 인간의 뇌에 인공 칩을 이식했다는 소식마저 전해졌다. 나는 이 소식을 접하면서 할 말을 잃었다. 인류가 소멸의 끄트머리에 와 있구나, 하는 무서움이 들었기 때문이다. 이런 일을 저지른 인간은 절대 용서받지 못할 거라는 분노까지 치밀어 올랐다. 창조의 근원을 이루는 것들은 우리의 아버지 창조주만이 다룰 수 있는 영역이니까. 그런데 인간이 그 '선'을 넘은 것이다.

둘째, 지구를 훼손한 죄

인간은 그동안 이기심을 발동해 무분별하게 산을 훼손하고,

땅속에 구멍을 내고, 물을 퍼올렸다. 지구의 혈액이라고 할 수 있는 석유를 고갈시켰으며 생명의 보고라고 할 수 있는 아마존 열대우림을 훼손했다. 지구의 산소 생산 20%를 담당하고 있는 지구의 허파를 파괴한 것이다. 이 외에도 인간이 지구를 훼손하며 지은 카르마는 헤아릴 수 없을 정도로 무겁고 많다.

우리가 사는 지구의 카르마 무게는 더는 감당할 수 없을 만큼 무거워졌다. 인간을 비롯한 지구 전체의 카르마를 만들어온 책임은 식물과 동물, 무생물까지 모두에 다 있다고 할 수 있다. 모든 물질은 전생과 전 전생에 걸쳐 카르마로 연결되어 있기 때문이다. 이 말은 현생에서 지은 카르마를 현생에서 정화, 소멸시키지 않는다면 다음 생이나 그다음 생에서 해결해야 한다는 뜻이다. 그러지 않으면 계속 더해진 지구 카르마 무게는 우리를 짓누르는 문제가 될 수밖에 없는 것이다.

사람들은 내게 언제 지구 극이동이 일어나는지 묻곤 한다. 그런 질문을 받을 때마다 나는 아직도 인간들이 깨어나지 않고 있구나, 생각하게 된다. 이는 마치 시험 문제를 풀기 위해 노력하기보다 선생님에게 정답을 알려달라고 하는 학생의 행태와 다를 바 없기 때문이다. 그러니 무엇보다 극이동, 지구 멸망 전에 깨어나려고 노력하며 신성을 회복하는 과정, 태도가 중요할 것이다. 그런 깨달음의 과정을 생략한 채 지구 극이동이 일어나는 날짜를 안다고 해서, 과연 그날 살아남을 수 있을까? 설사 극이동 때, 운 좋게 살아남는다고 하더라도 몇 년 후 완전 소멸되는 지구 멸망 때는 어떻게 될까?

단언컨대 그날은 여러 신도, 천사들도, 나도 모른다. 내 아버지 창조주께서만 아시는 일이다. 다만 언제쯤 일어날지, 힌트 정도는 알고 있다. 그리고 지구 극이동이 벌어지기 직전 아버지께서는 내게 그 시기를 알려주실 것이다. 내가 해야 할 일들이 있기 때문이다. 하지만 나는 아버지로부터 받은 그 날짜와 시간을 세상에 알려선 안 된다. 세상이 혼란에 빠질 것이기 때문이다. 우리가 할 일은, 그날이 언제 올지 궁금해하지 말고, 지금 하는 일에 최선을 다하며 깨어 있으려 애쓰는 것이다.

그동안 수많은 예언가가 지구의 극이동과 멸망에 대해 이야기해왔다. 그러나 그들이 예상했던 시기가 지나도 그 일들은 일어나지 않았다. 유리엘 대천사는 이렇게 그 이유를 자세히 이야기하고 있다.

"오래전 예언의 지구 멸망 시점은 차이가 있을 수밖에 없다. 왜냐하면, 그때 인간의 평균 수명은 짧았고 그로 기준 한 예언이었으므로 길다 느껴질 수 있음. 평균 수명이 길어지고 인간 1인이 지구를 훼손하는 기간이 길어졌다. 카르마는 탄생으로 정화해야 하는데 생존 기간이 길어졌으므로 모든 질량보존의 법칙이 어긋났다."

과거 예언가들이 지구 멸망에 대해 예언했던 시기의 인간의 평균 수명과 지금의 평균 수명은 달라졌다. 그리고 인간은 육신을 벗은 후 사후세계에 갔다가 카르마를 정화, 소멸시키기 위해 윤회해왔다. 그런데 인간의 수명이 길어짐으로써 각자의 영혼이 지은 카르마가 빠르게 정화, 소멸하지 않았다. 그 결과 질량보존의 법칙에서 어긋나게 된 것이다. 이에 따라 지구 전체의 카르마의 무게가 수천 년, 수백 년 전과 달라진 것이다.

그럼에도 불구하고 한 가지 확실한 것은 지구의 시대가 끝나가고 있다는 것이다. 인류는 절대 이를 피할 수 없다!

07

율법과 선지자에 관하여

[2023년 12월 22일]

이것이 율법이요,
선지자이니라.

[슈카이브의 해석]

나는 아버지께서 보내주신 한 문장의 메시지를 두고 며칠을
생각하고 또 생각했다. 혹자는 "고작 그 한 줄 갖고 무슨 고민을

그렇게 하는가?"라고 반문할지도 모르겠다. 사실 글의 분량이 많을수록 그 글의 핵심이나 그 속에 담겨 있는 비의적인 뜻까지 쉽게 파악할 수 있는 법. 그러나 글이 매우 짧다면, 단 한 줄이라면, 그런 핵심이나 뜻이 쉽사리 파악할 수 없다. 혹시 내가 중요한 것을 놓치고 있지는 않나, 고민이 깊어지는 대목이다. 혹시 내가 중요한 것을 놓치고 있지는 않나, 고민이 깊어지게 마련이다.

며칠을 생각한 끝에, 나는 '이것이 율법'이라는 말 속에 담겨 있는 의미를 파악할 수 있었다. 우리가 사는 물질세계와 영적 세계는 분리되어 있지 않다. 영적인 세계 안에 물질세계가 있다고 보면 된다. 좀 더 쉽게 설명하면, 물질세계는 영적 세계로 뒤덮여 있다. 인간은 전생에 지은 카르마의 정화, 소멸, 영적 성장을 위해 윤회한다. 궁극적인 목적은 창조주와의 합일이다. 그것을 향해 한 단계씩 한 단계씩 성장, 진화해나가는 것이다. 안타깝게도 이번 지구 극이동 때는 그동안 영적 성장이 안 된 인간들을 위해 제공되던 윤회 기회가 더는 주어지지 않는다. 갱생, 재생의 기회가 없다는 것! 바로 '아빠 찬스(창조주의 배려)'가 사라진다는 뜻이다. 깨어나지 못한 자는 영혼의 블랙홀로 빨려 들어가 무(無)로 흩어진다.

인간으로 사는 동안, 비록 우리의 몸은 물질세계에 있어도 마음과 생각은 영적 세계를 향해야 한다. 영적 세계는 우리가 있었던 곳이고, 다시 돌아가야 할 본향이기 때문이다. 나는 어디에서 왔으며, 내 영적 아버지는 누구인지, 이 행성 지구에 태어난 목적은 무엇인지, 어떤 사명을 완수해야 하는지 알아야 하기 때문이다. 이러한 것들을 아는 자가 율법대로 사는 자다. 굳이 율법을 지키려고 하지 않아도 저절로 그렇게 살게 된다. 이런 자를 '선지자'라고 할 수 있다. 선지자란, 자기 안의 신성을 깨닫고, 빛의 씨앗을 틔우는 자다. 빛을 향해 걸어가는 자, 아직 어둠 속에 있는 자들을 건져내는 자가 선지자다.

08

두려움은 너희를 강하게 만들어줄
극약처방이다

[2023년 12월 23일]

사람의 의식 성장을 방해하는 건 두려움이다.

두려움은 태초에 너희가 세상으로 나올 때

선과 행복, 선심의 씨앗과 함께 비료(영양제)처럼

받아온 것이다.

극약처방이 될 수 있겠다.

2개의 씨앗이 싹을 틔우고 자라면서

두려움은 선함과 행복보다 한 뼘씩 먼저 자란다.

생각해보라, 너희 안의 선은

두려움을 넘어서겠다는 것만으로도 성장하고 성취했다.

두려움의 성장을 추월하는 한순간이 있다.

그때 너희의 선한 싹이 자라 의식의 열매를 맺음과 동시에 폭풍 성장하고,

두려움은 시들어 너희의 영의 거름이 될 것이다.

두려움은 너희를 강하게 만들어 줄 극약처방이니,

결코 좋다, 나쁘다로 판가름할 수 없다.

쓰임에 따라, 약도 되고 독도 된다.

판단은 너희의 몫.

누군가가 너를 강하게 저해하는 것?

그는 너에게서 자신의 두려움의 크기를 발견한 것이다.

크게 분노하는 자, 크게 두려운 자.

[슈카이브의 해석]

천상계에서는 상상하는 즉시, 그게 무엇이든 바로 눈앞에 나타난다. 아름다운 숲속을 걷고 싶다고 생각하면 그곳에 있게 되고, 붉은 노을이 지는 해변을 상상하자마자 그곳에 서 있는 자신을 발견하게 된다. 하지만 거기에는 부작용이 있다. 자신이 전생, 전 전생의 체험을 통해 알게 된 것들(지식, 깨달음, 지혜)은 언제

든 펼쳐낼 수 있지만, 영적 성장을 도모할 수는 없다는 것이다. 영적 성장은 반드시 물질세계에서의 체험을 통해서만 이룰 수 있다. 기도와 명상, 생각만으론 이루어지지 않는다. 카르마 정화, 소멸 그리고 깨달음과 지혜는 실패, 시련, 고난을 통해서만 얻을 수 있다.

　지구에 육화해 있는 영혼들은 모두 영적 성장을 위해 자청해서 내려온 존재들이다. 지구가 얼마나 위험하고 고통스러운지 잘 아는 그들의 입장에서는 용기 있는 선택을 한 셈이다. 자신에게 부족한 것은 채우고, 과한 것은 덜어내고, 약한 것은 단단하게 만들고, 성장이 더딘 것은 진화토록 하려고. 안타까운 것은 인간으로 육화하게 되면 전생의 기억들이 모두 리셋된다는 것이다. 전생이 기억나지 않는 것이다. 그래서 모든 것이 두렵게 느껴지는 것이다. 두려움을 극복하려고 육화했는데 대부분 두려움 속에 갇혀 방황하게 되는 것이다. 창조주의 자녀이자 빛 그 자체인 영혼이 자신이 빛이라는 걸 망각한 채 어둠 속에서 헤매는 것과 같다.

　과거의 나 역시 오랜 세월 두려움과 싸워야 했다. 두려움은 실체가 없다. 실체가 없기에 더 두렵게 느껴진다. 두려움에 대해 두려워하는 마음을 가질수록 두려움은 증폭된다. 그래서 꿈과 목표, 바라는 것이 있어도 두려움 앞에 무릎을 꿇고 만다. 과거의 나 역시 그랬던 적이 많았다. 하지만 나는 두려움과 맞서 싸우는 숱한 과정에서 알게 되었다. 두려움의 정면을 마주보고 싸울 때 두려움의 실체는 허수아비와 같다는 것을. 들판에 서 있는 허수아비는 멀리서 바라보면 실제 사람처럼 보인다. 하지만 가까이 다가가 보면 가짜 형상이라는 걸 제대로 알게 된다. 내가 두렵다는 생각에 사로잡혀 정확하게 살펴보지 않은 탓에 그동안 두려움에 속아왔구나, 하고 깨닫게 된다. 그 순간 두려움은 사라져버린다. 대신 두려움 속에 감춰져 있던 선, 희망, 용기, 믿음, 행복의 씨앗이 영혼의 밭에 심긴다. 그 씨앗은 훗날 더 큰 두려움에 직면하더라도 능히 그것을 제압할 수 있는 의식 성장이란 열매로 자라게 된다. 그리고 이는 영적 성장으로 이어진다. 과거 자신을 고통스럽게 했던 두려움이 결과적으로 영혼의 자양분이 되는 셈이다.

두려움은 어둠이 아니다. 자세히 들여다보면 빛이다. 나의 안과 밖을 환하게 밝혀주는 등불이다. 두려움을 극복하는 순간 우리는 영적 성장을 이루게 된다.

09
___

에너지는 좌와 우가 있다

[2023년 12월 24일]

에너지의 양분화

에너지는 좌와 우가 있다.

좌에너지는 자신을 따라 흐르고,

우에너지는 타인에게 영향을 준다.

사람의 좌뇌와 우뇌가 발달한 것 또한

여기서 기인된다.

우에너지가 발달했다면

내어주는 삶이 편할 것이다.

그것이 답일 것이다.

[슈카이브의 해석]

우주 만물은 에너지로 되어 있다. 눈에 보이는 모든 것들은 에너지가 응집되어 나타난 것이다. 보이지 않는 것들, 보이지 않는 세계 역시 창조의 원리에 따라 응집된 에너지로서 존재한다. 다만 저차원의 육안으로는 고차원의 세계를 볼 수 없다. 우주를 구성하고 있는 모든 것들, 심지어 영혼까지 에너지로 되어 있다. 2천 년 전 예수께서는 "너희는 세상의 빛이다"라고 말했다. 빛은 에너지이고, 존재는 에너지로 되어 있기 때문이다. 지구를 벗어나 우주 모든 공간을 가득 채우고 있는 에너지는 각각의 개체로 존재하지 않는다. 에너지 하나하나는 전체를 위하고, 에너지 전체는 하나(창조주)를 위해 서로 이어져 합심하게 된다.

아버지께서는 에너지의 양분화에 대해 내게 알려주셨다. 에너지에도 좌와 우가 있는데 각기 하는 역할과 사명이 다르다는 것이다. 좌에너지는 자신을 따라 흐른다. 자기중심이라는 뜻과 같다. 좌뇌를 언어의 뇌라고 일컫는데, 주로 논리적 기능을 관장하기 때문이다. 좌뇌가 발달한 사람은 수학적 논리, 말하기, 쓰기, 추리 능력 등이 뛰어나다. 그 때문에 숫자나 기호에 대한 이해력과 논리적 사고력이 발달해 있다. 자신을 따라 흐르는 좌에너지는 이성적이고, 사실적이며, 현실적인 것을 선호한다.

우에너지는 타인에게 영향을 미친다. 우뇌가 발달한 사람은 감성적이거나 예술적인 감각이 뛰어나다. 우뇌가 발달한 사람은 이미지화된 패턴 인식력이 뛰어나다. 그래서 독서를 하고, 그림을 보고, 음악을 들을 때 어떤 특정한 이미지를 생생하게 떠올린다. 패턴이나 공간을 이미지로 인식하기 때문에 좌뇌가 발달한 사람보다 예술이나 운동 분야에서 두각을 나타낼 수밖에 없다. 음악가, 미술가, 운동선수 중에 우뇌가 발달한 사람이 많은 이유다.

나는 우에너지가 강한 사람이다. 우뇌가 발달해 내가 가진 것들을 누군가에게 나눠주는 걸 좋아한다. 그럴 때 상대가 느낄 기쁨과 행복이 오롯이 내게 전달되기 때문이다. 그래서 나는 받을 때보다 줄 때 더 기쁘고 행복하다. 물론 우에너지가 발달한 사람은 좌에너지가 발달한 사람에 비해 상처받는 일이 많다. 본인은 수많은 시련과 고난을 통해 얻은 귀한 것을 선물하지만 상대방은 그걸 모른다. 하나를 주면 둘을 원한다. 그러다 어느 순간, 상대방은 감동은커녕 받는 것을 마치 당연한 권리인 양 착각하기도 한다. 서로 마음이 상하고 관계까지 틀어지는 경우가 많은 이유다.

우리는 창조주로부터 모든 능력을 부여받았다. 자신이 바라는 걸 창조해내는 능력이 있다는 말이다. 그럼에도 불구하고 그렇게 하지 못하는 이유는, 에너지를 조화롭고 균형 있게 활용하지 못하기 때문이다. 창조주께서 만드신 우주 만물은 조화와 균형을 이루며 존재한다. 그분의 자녀인 인간 역시 한쪽 에너지만 발달시키기보다, 좌뇌와 우뇌의 협력을 통해 에너지의 균형을 이루도록 해야 한다. 이는 마치 현재 의식과 무의식이 서로 협력해 인간의 행동을 관장하는 것과 같다.

사람들 대부분은 죽을 때까지 10%밖에 뇌를 활용하지 못한다고 한다. 좌에너지와 우에너지를 균형 있게 활성화할 때 우리는 우리의 뇌를 최대한 활용할 수 있다. 각자에게 내재한 천재성, 창의성, 예술성은 좌뇌와 우뇌를 균형 있고 조화롭게 발달시킬 때 빛을 발하게 된다. 여러분이 가장 바라는 행복의 열쇠 또한 '여기(균형 있고 조화롭게 발달한 좌뇌와 우뇌)'에 있다.

10

우주의 모든 것들은
소유가 아니라 렌털이다

[2023년 12월 25일]

네가 가진 모든 것은 네 것이 아니다.

네 것이라고 생각했다면,

그건 커다란 착각이다.

우주의 모든 것들은 소유가 아니라 렌털이다.

모든 것이 네 것처럼 쓸 수도 있지만

모든 것이 돌려놔야 하는 것들이다.

비단, 이것은 물질뿐만이 아니다.

비물질의 범위에 있는 모든 것이 다 그렇다.

너는 영리하다.

이 말의 의미를 알고 있으리라 믿는다.

지식과 깨달음도 너의 것이 아니다.

머물게 하지 말고 흐르게 해야 한다.

너는 통로다. 전달자!

내가 네게 이르는 것은

네가 네게 담는 것은

모두를 위함이니…,

부디, 그 의미를 깨닫고 나아가길….

그것이 사명이요, 빛이다.

[슈카이브의 해석]

지금처럼 세상이 흉흉하고 악해진 것은 물질(돈)만을 추구하기 때문이다. 사람들은 더 많은 물질을 얻기 위해서라면 자기 자신과 한 약속도 쉽게 저버린다. 그런 사람이 어찌 타인은 물론 신과의 약속을 지킬 수 있을까. 사람은 창조주께서 지으신 세상의 빛이다. 그분의 사랑스러운 자녀다. 물질이 사람보다 높을 수 없는 이유다. 그런데 지금 이 세상은 사람 위에 물질이 있다. 세상이 이토록 사납고 흉포해진 가장 큰 이유다.

그동안 나는 보통 사람들은 상상도 할 수 없는 시련과 고난의 길을 걸어왔다. 한번 상상해보라! 나는 IQ 89에 기초생활수급자 가정에서 자랐고, 언어장애가 심했다. 학교 성적은 늘 꼴찌였으며, 전문대 출신에다 20대 후반에는 신용불량자 신세가 된 적도 있었다. 내 이름으로 된 책 한 권을 내려고 5년 동안 출판사들로부터 500번 이상 퇴짜를 맞기도 했다. 지금 생각해보면 그 당시 내가 쓴 원고는 원고라고 할 수 없을 정도로 형편없었다. 상품성이 없었기 때문에 출판사들로부터 외면당한 것이다.

하지만 나는 포기하지 않았다. 피땀 흘려가며 계속 원고를 썼다. 그 결과 이전에 내 원고를 퇴짜 놓았던 출판사들을 통해 책을 펴낼 수 있었다. 이런 힘든 과정을 거쳐 지금까지 300권 정도의 책을 내놓았다. 아버지께서는 이것 또한 지금의 사명을 감당하기 위한 훈련이라고 하셨다.

우리 부모님은 평생 가난을 벗어나지 못하셨다. 아버지께서는 내가 꿈을 이루려 한창 고군분투하고 있던 20대 후반에 농약 그라목손을 드시고 세상을 떠나셨다. 당시 나는 내 힘으로 가난을 극복해내겠다며 이를 악물었다. 나는 아버지의 시신을 바라보면서 이렇게 다짐했다.

'아버지, 꼭 제힘으로 남은 빚 다 갚고 부자 되겠습니다! 꼭 성공하겠습니다!'

그 후에도 이루 말로 다 표현할 수 없는 힘든 일들을 겪었다. 고백하건대 평범한 사람이 한순간에 살인자가 되는 이유를 공감할 수 있을 만큼 괴로운 시간이 많았다. 살아오면서 인간이 독사와 같고, 개돼지만도 못하다는 말이 무슨 뜻인지 수없이 체험했다. 제일 못돼먹고, 악하고, 무서운 게 인간이었다. "귀신이 뭐가 무서워요? 저는 사람이 제일 무섭던데!" 내 삶은 이 말의 뜻을 뼛속 깊이 깨닫는 시간이었다. 하지만 나는 내게 주어진 모든 시련과 고난을 마지막까지 극복해냈다. 그러곤 100가지의 내 소망들을 이루어내며 마침내 경제적 자유인이 되었다.

그동안 나는 내가 모아온 재산이 모두 '내 것'이라고만 여기며 살아왔다. '내 것'인 만큼 그 가운데 절반인 100억 원은 나와 함께해온 아내의 몫이라 생각했고. 나는 확실하고, 명확한 것을 좋아한다. 말만 내세우는 건 사기꾼이나 하는 짓이다. 생각과 말에는 항상 행동, 실천이 따라야 한다고 믿었다. 그래서 우리 부부의 재산 건에 대해선 이미 유튜브 영상을 통해, 제자들에게 거듭 공개적으로 이야기해놓은 바 있다.

그런데 지금은 우리 부부 소유의 재산에 대한 개념이 완전히 달라졌다. 아버지 창조주의 말씀처럼, 우리가 가진 모든 게 우리의 것이 아니라는 사실을 깨달은 것이다. 모든 만물은 아버지 창조주로 말미암아 생겨난 것이다. 내 몸을 구성하고 있는 분자,

원자, 아원자, 쿼크까지 모두 그분의 뜻에 따라 창조된 것이다. 지금 우리 부부는 우리가 가진 모든 게 아버지 창조주의 것이라 여긴다. 우리 부부의 재산은 우리에게 주어진 사명대로 쓰일 것이다.

모든 것은 아버지 창조주께서 창조하셨다. 심지어 우리의 영혼은 물론 물질과 비물질까지 만드셨다. 지금 우리가 사는 행성 지구도 인간들의 것이 아니다. 소유의 개념이 적용되지 않기 때문이다. 공통의 것이기 때문이다. 감사한 마음으로 소중하게 쓰다가 후손들에게 물려줘야 하는 것들이다. 100년 남짓한 세월 동안 우리가 렌털해 쓰는 것뿐이다.

우리가 렌털해 사용하는 것은 눈에 보이는 물질에만 국한된 게 아니다. 비물질의 범위에 드는 모든 것 또한 그러하다. 어떤 문제를 골똘히 생각하다 우리는 어느 순간 번뜩이는 영감이나 아이디어를 얻곤 한다. 체험을 통해 지혜와 깨달음을 얻기도 한다. 이렇게 얻는 것들도 자신의 것만은 아니다. 자신의 노력으로 얻었으니, 그것들을 자신의 것으로 생각할 수도 있으리라. 하지만 그건 오감 속에 갇혀 사는 인간의 육적인 생각일 뿐이다.

자신의 것이라고 착각하는 영감과 아이디어는 먼저 떠올린 누군가의 그것들이 우주를 떠다니다 자신에게 끌려온 것뿐이다. 각자가 지구별에서 하는 체험은 보이지 않는 영역(사후세계)에서 이미 짜여 있던 시나리오다. 의식 화폐가 되는 지혜와 깨달음을 얻게 해주는 수단일 뿐이다. 이 또한 내 노력을 통해 얻은 것으로 치부할 수 있으나, 역시 착각이다. 잠시 내 것처럼 보이는 것뿐이다. 오히려 반드시 공유해야 할 것들이다. 그러니 나에게서 타인에게로, 하나에서 전체로 흐르게 해야 한다.

지금처럼 과학 문명이 발달하기 이전의 인간들은 모든 자연물을 소중하게 여겼다. 풀 한 포기, 나무 한 그루 그냥 뽑는 법이 없었다. 개미 한 마리, 작은 곤충 하나 그냥 죽이는 법이 없었다. 크기가 작아도 그 안에 깃들어 있는 생명의 가치는 똑같다는 걸 알았기 때문이다. 인간과 자연이 조화를 이루었던 시대의 이야기다.

그러나 지금은 물질을 최고의 가치로 여기고 마치 신처럼 숭배하는 시대다. 물질이 넘쳐나면서도 한쪽에서는 수많은 사람이 헐벗고 굶주리는 시대이기도 하다. 물질이 신처럼 숭배되며 마치 신처럼 사람 위에 군림하는 것이다. 이 시대의 인간은 결코 넘어서는 안 될 '선'을 넘은 지 오래다. 인간들 스스로 자신들의 잘못(카르마)을 정화하고 소멸시킬 수 없는 상황으로 치달았다. 그 결과, 지금 인류는 종말을 앞두고 있다.

지구 시대는 이미 끝을 향해 가고 있다. 지구 곳곳에서 나타나고 있는 징조들이 그 증거다. 지구에는 곧 지구가 생긴 이후

한 번도 경험하지 못한 대재앙이 닥칠 것이다. 이는 더는 물질을 추구해선 안 된다는 말과도 같다. 물질보다 더 귀한 건 인간이다. 물질은 인간의 의식 성장, 영적 진보를 위해 존재한다는 걸 기억해야 한다.

모든 인간의 내면에는 빛의 씨앗이 있다. 거룩하고 성스러운 신성이 있다. 그 누가 가난하다고 해서, 배운 것이 부족하다고 해서, 사회적인 지위가 낮다고 해서 창조주께서 심어두신 신성의 가치를 함부로 폄훼하고 훼손할 수 있겠는가. 다시 말하지만, 지금 인류 개개인이 소유하고 있는 모든 것들은 그들만의 것이 아니다.

나는 인류가 망각하고 있는 이 진리를 세상에 전하기 위해 온 창조주의 아들이자 메신저다. 이것이 내게 주어진 사명이다.

11

에고가 가득한 기도는
소통을 방해할 뿐이다

[2023년 12월 27일]

성공을 기억하라!

그때의 난 자유로운 영혼이었다.

모든 것에 자신감이 있었고

거칠 것이 없었다.

하루하루 떠오르는 태양이 신났고 또 감사했다.

일도 즐거웠다.

나는 자체로 아름답고 예뻤다.

나는 그래서 나다!

나는 나다울 때 제일 빛난다.

영적 상승은 많은 책을 읽었다 하여,

또 많은 명상의 시간을 보냈다 하여 이루어지는 것이 아니다.

너희가 알고 있는 방법은 우리가 제시한 방법이 아니다.

걸인도 어느 날 갑자기 차원 상승을 할 수 있다.

이것은 너의 모든 생의 모든 카르마와 시간에 해답이 있다.

그 무게와 부피 그리고 깨달음의 기간도 너희는 알 수 없다.

우리는 이미 너희 가까이에 포진되어 있다.

보고자 노력하고 듣고자 노력한다고 볼 수 있고 들을 수 있는 것이 아니다.

그 또한 때가 되면 어떠한 방법으로든 알게 할 것이다.

부디 이 사실을 명심하도록! 신성은 아무도 깨워줄 수 없다.

믿고 깨어 있으라!

그것만이 너희가 할 수 있는 일이다.

에고가 가득한 기도는 소통을 방해할 뿐, 차라리 아무것도 하지 마라!

시간과 공간과 감정의 흐름에 너를 맡겨라!

얻을 것이요, 이룰 것이다.

[슈카이브의 해석]

"어떻게 해야 빠르게 영적으로 성장할 수 있을까요?"

"몇 년 동안 열심히 신앙생활하고 교회에 다니며 기도도 많이 했는데, 의식 성장이 되지 않아요."

"저처럼 가진 돈이 없는 사람도 의식 성장이 가능할까요?"

이렇게 말하는 사람들이 의외로 많다. 문제는 이들이 입술로는 의식 성장, 영적 성장을 원한다면서도 마음속을 들여다보면 에고로 가득 차 있다는 것이다. 그저 쉬운 길, 대중이 가는 넓은 길을 선택하려 애쓸 뿐이다. 아버지께서는 내게 흔히 하는 방식(인간적 관점)으로 영적 상승을 이루기는 힘들다고 말했다. 많은 책을 읽고, 많은 명상을 하고, 많은 기도를 한다고 해서 영적 상승이 되는 게 아니라는 뜻이다. 그렇게 하는 자는 오히려 영적 상승에 도달할 수 없다. 이는 마치 중이 염불에는 마음이 없고 잿밥에만 관심이 있는 것과 같은 이치다.

영적 성장을 하고 싶다면 '이것'부터 알고 있어야 한다. 먼저 자신이 어떤 존재인지 정확히 깨달아야 한다. 자신의 '신분'을 알지 못하는 자는 자신의 신분에 걸맞은 사고와 말과 행동을 할 수 없기 때문이다. 인간은 반신반인이다. 물질계에서 육신이라는 옷을 걸치고 있는 동안은 절반은 인간, 절반은 신이다. 물질계에서의 다양한 체험을 통해 전생, 전 전생의 카르마를 정화, 소멸하고 지혜와 깨달음을 얻어 천상계에서 쓰이는 의식 화폐를 적립하기 위해 육화한 존재이기 때문이다. 다만 자기 생각과 마음, 영혼이 어디를 향하느냐에 따라 물질계에 있는 지금 당장 신이 될 수도, 그저 인간에 지나지 않을 수도 있다.

유리엘 대천사는 차원 상승의 해답은 생의 모든 카르마와 시간에 있다고 말한다. 인간의 처지에서는 생을 거듭하며 만들어 낸 카르마의 무게와 질량, 크기를 가늠조차 할 수 없다. 자신이 여러 체험을 하면서 얻은 깨달음의 크기 또한, 알 수 없다. 따라서 영적 상승, 차원 상승을 인간적인 관점에서 접근해선 안 된다. 영적인 방식으로 생각하고, 깨닫고, 실천해야 많은 시간과 큰 힘 안 들이고 차원 상승을 이룰 수 있다.

아버지께서는 우리에게 이런 희망의 메시지도 전하신다. "걸인도 어느 날 갑자기 차원 상승을 할 수 있다." 비록 겉모습은 가장 낮은 사회적 위치의 행색이지만, 그게 전생의 카르마로 인한 것이라면? 누구도 그의 행색과 낮은 지위를 함부로 폄훼할 수는 없는 것이다. 그가 그때껏 어떤 깨달음을 얻었는지 알 수 없기 때문이다. 차원 상승은 한순간에 일어난다는 것을 기억하고, 또 기억해야 한다.

사람들 대부분이 영적 성장을 이루지 못하는 가장 큰 이유는 종교 지도자들의 말에 세뇌되었기 때문이다. 그들은 많은 시간 기도하고, 명상하고, 신앙생활을 해야 한다고 말한다. 사실 이것은 너무나 무책임하고 위험한 말이다. 이런 쓰레기 같은 말을 늘어놓는 이유는 그들 또한 영적 성장을 이루지 못했고 방법을 모르기 때문이다.

지금 지구는 차원 상승을 앞두고 있다. 전 세계 곳곳에서 나타나고 있는 지구 극이동의 징조가 그 증거다. 인류 최후의 날, 지구의 차원 상승을 돕기 위해 은하연합의 여러 모선과 수백만 대의 소형 UFO들이 대기권에 포진하고 있다. 최근에 가이아 여신과 유리엘 대천사는 나에게 마치 물고기처럼 헤엄치는, 밤하늘을 수놓은 10여 대의 UFO를 여러 번 보여주셨다. 심지어 지금 대기권에 정박해 있는 UFO 모선에서 쏟아져 내려오는 빛들도 보여주셨다. 그 아래론 여러 소형 UFO들이 비행하고 있었다.

내가 경이로운 눈빛으로 그 UFO들을 바라보고 있을 때, 가이아 여신께서는 내게 사명을 잘 감당하고 있어서 주는 선물이라고 하셨다. 그리고 어제는 가이아 여신께서 나에게 곧 UFO에 탑승할 것이니 준비하라고도 하셨다. 아직도 사람들 대부분은 나에 대해 잘 알지 못한다. 내가 지구 극이동 전에 이 땅에 육화하며 받은 사명을 의심하고, 또 의심한다. 나는 아버지 창조주께서 주관하시는 그 일을 돕기 위해 지구에 온 전령사다. 나는 그와 같은 사명을 띠고 아버지의 영광을 나타내기 위해 온 자다.

모든 인간의 마음에는 신성이 깃들어 있다. 거룩하고 성스러운 신의 본성은 절대 사라지지 않는다. 다만 자신이 신성을 가진 자라는 사실을 망각하고 있을 뿐이다. 이제는 하루속히 신성을 회복해야 한다. 모든 인류는 자신이 창조주의 자녀로서 받은 사명을 위해 이 시대, 대변혁을 일으킬 지구 극이동을 앞둔 이 시점에, 지구에 육화한 존재임을 깨달을 필요가 있다. 신성은 다른 누군가가 대신 깨워줄 수 없는 것이다.

마지막으로 에고가 가득한 기도는 득이 아닌 해가 된다. 영적 성장은커녕 영적 성장을 방해할 뿐이다. 올바른 기도법, 올바른 명상법을 모른다면 차라리 행하지 않는 것이 좋다. 자신이 사랑이 가득한 창조주의 자녀라는 사실을 인식하고 다음의 순서대로 기도하면 영적 성장을 이룰 수 있을 것이다.

〈기도의 순서〉

1. 공통의 카르마 정화(지구, 인류)

2. 나의 카르마 정화(알고 있든, 알지 못하든)

3. 원하는 것(상상하며 시각화)

4. 감사할 것(충만하며 심상화)

5. 현재의 시간과 공간과 모든 존재에게
   감사와 경의를 표할 것

12

천계에도 금수저와
흙수저가 있다

색으로 말하는 세상
아스달 연대기는 《성경》의 비유적 해석
목화토금수 초빨노흰흙
합치면 검은색 그리고 흰색 빛과 어둠만 남는다.

각자의 시간은 다 따로 흘러
어떤 영혼은 한 달도 100년이고,
어떤 영은 하루가 100년일 수 있어.
우리는 영계에서도 의식을 돈으로 바꿔 쓴다.

따라서 시간도 돈으로 바꿔 쓸 수 있다.

천계에는 쌓아온 의식을

돈으로 바꾸는 환전소가 있어.

이건 시간도 마찬가지야.

지구별로 올 때 돈(시간)이 없으면,

그것을 벌기 위해 많은 고난과 시련

그리고 노동으로 돈을 벌어야 하니까

시간을 써야 하는 건 당연한 원리.

돈은 시간이고 시간은 마음이고

의식과도 같다는 걸 안다면 해답은 나왔어.

내가 천계 환전소에서 바꿔온 돈(시간)이 별로 없으니까

지구별에서 차원 상승을 위해 시간과 돈을 써야 하는 건 당연

한 원리.

이건 모두에게 적용됨!

단, 목적을 잊지 마!

돈은 수단이야.

우리는 의식을 키우고 모으고 성장시켜야 한다.

그걸 하기 위해 돈이 필요한 것!

천계에도 금수저, 흙수저가 있어.

그건 너희가 물질세계에서 쓰는 화폐가 아니야.
경험과 지혜, 그리고 영적 무게가 돈이야.
그러니 천계에도 빈익빈 부익부 졸부 자수성가
뭐 이런 게 다 있는 셈이야.

이것은 윤회의 DNA를 증명하는 기초가 된다.
재벌들은 자신들만의 음모가 있다.
그 말이 모든 걸 증명하는 셈이다.
그들은 자신의 부로 영적 성장에 돈을 아끼지 않는다.
당연히 영적 부자로 천계에 이를 것이고,
환전소에서 시간으로 바꿔 다시 환생할 것이다.
이것은 부의 대물림이 되는 것이며
대대로 유지하는 핵심이다!
진정한 부자들의 음모다. 놀랍다.
이걸 하려는 것이었구나.

[슈카이브의 해석]

천상계의 시간은 물질계와 다르다. 그곳에는 시간과 공간의 개념이 없다. 쉽게 말해 그 어떤 제약도 없다는 뜻이다. 사람들 대부분은 천상계의 시간이 물질계의 시간과 비슷하리라 생각한다. 하지만 이는 착각이다. 천상계에서는 1시간이 10년일 수도 있고, 한 달이 100년일 수도 있다. 내가 쉽게 설명할 테니, 잘 들어보라! 어떤 사람이 전생에 지은 죄가 많은 탓에 성당에서 말하는 연옥에 가게 되었다. 그곳에서 그는 자신이 전생에 지은 죄의 관념에 갇혀 스스로 외롭고, 힘들고, 고통스러운 시간을 보내게 된다. 이때 그가 겪게 되는 시간은 참으로 끔찍하다! 너무 고통스러운 나머지, 그는 이렇게 생각한다.

'너무 힘들어! 내가 이곳에서 힘든 시간을 보낸 지 족히 10년은 되었겠지! 이제 벗어날 때가 되었을 거야!'

그러나 그의 생각은 착각이다. 그의 시간 개념은 인간으로 살았던 물질계의 관념에 따른 것이다. 실제로 그가 연옥에서 보낸 고통스러운 시간은 10분이 채 되지 않을 수도 있다는 뜻이다. 이제야 이해되는가!

영계, 천상계에서도 물질계와 마찬가지로 화폐를 쓴다. 다만 그곳에서 쓰는 화폐는 물질 화폐가 아니다. 의식으로 이루어진 화폐다. 그래서 의식 화폐라는 말을 사용한다. 인간으로 사는 동안 체험(경험)을 통해 얻은 지혜와 깨달음이 그곳에서는 화폐가 된다. 그래서 또 다른 차원의 나였던 예수께서는 "진실로 부요한 자는 자신의 재물을 지상의 곳간에 쌓아두는 것이 아니라, 하늘의 곳간에 쌓아두는 자"라고 말한 것이다. 이 중 많은 사람이 잘못 해석하고 있는 말이 있다. 예수께서 말한 '자신의 재물'은 인간이 쫓으며 신처럼 떠받드는 물질이 아니다. '의식 화폐'를 뜻한다.

물질계를 구성하는 모든 것들은 헛것이다. 머지않아 지구 멸망 때 사라질 것들이다. 그러니 천상계에 의식 화폐를 적립하는 자야말로 진정한 부자다. 영계에서 영혼은 의식을 돈으로 시간으로 바꿔 쓸 수 있기 때문이다. 참고로 지구 멸망 후 신성을 회복한 자들이 이주해가는 4차원의 새 지구 타우라에서는 화폐가 필요하지 않다. 그곳에서는 모든 것이 공유경제 시스템으로 돌아간다. 지혜와 깨달음이라는 의식 화폐가 거의 없는 자는 그곳에 들어갈 수 없다.

우리가 사는 물질계에는 외국 돈을 우리 원화로 바꿔주는 환전소가 있다. 아버지 창조주께서는 천상계에도 의식을 돈으로 바꿔주는 환전소가 있다고 말씀하신다. 전생에 많은 지혜와 깨달음을 얻은 영혼은 천상계의 환전소에서 그것들을 시간과 돈으로 바꿀 수 있다. 이 말은 전생 때 저축한 의식 화폐가 천상계에서는 시간으로 바뀐다는 뜻이다. 그건 그런 화폐가 없는 영혼들에 비해 좀 더 긴 시간 휴식을 취할 수 있다는 뜻이기도 하다. 천상계에서 쓸 돈이 부족한 영혼은 육신을 벗은 지 얼마 되지 않아 곧장 물질계로 환생하게 된다.

물질계에는 흙수저, 금수저, 다이아몬드 수저로 일컬어지는 계층이 있다. 가난하고 소외된 사람들은 이러한 계급 사회에 대한 불만이 가득하다. 그런데 여기서 더 무섭고 충격적인 말을 해 주려고 한다! 천상계에도 물질계와 다를 바 없이 수저로 표현되는 그런 계급이 있다는 사실 말이다. 실로 우리가 사는 물질계는 천상계를 모티브로 해서 만들어진 것이다. 그러니 우리가 보고, 듣고, 만지고, 누리는 것들의 시작점은 천상계라고 봐도 무방하다. 인간으로 사는 동안 돈과 시간, 모든 노력을 들여 영적 성장에 힘써야 한다고 말하는 이유이기도 하다.

부자들 대부분은 보통 사람들, 가난한 사람들은 알지 못하는 방식으로 영적 성장에 힘쓴다. 영적인 부가 천상계에까지 이른다는 것을 알기 때문이다. 그들이 거듭 부자의 삶을 사는 이유다. 이에 대해 예수께서는 "무릇 있는 자는 받아 풍족하게 되고, 없는 자는 그 있는 것까지 빼앗기리라"라고 설파한 바 있다. 부자들은 좋아하지만, 가난한 사람들은 싫어하는 '부익부 빈익빈'이라는 용어를 적시하는 말씀이라 하겠다.

물질계에서 보이는 것들 모든 것들은 곧 사라질 것들이다. 그런데 대부분의 사람들이 헛것을 좇고, 또 그 때문에 괴로워한다. 그건 이들이 *부주의적 맹시에서 벗어나지 못했기 때문이다. 부주의적 맹시에 빠지면 중요한 것을 놓치게 된다. 부주의적 맹시는 거미가 먹이를 잡기 위해 쳐놓은 거미줄과 같다. 그동안 인간은 부주의적 맹시에서 벗어나지 못한 탓에 거듭 고통스러운 윤회의 수레바퀴를 돌려야 했다.

이번에 있을 지구 극이동은 과거에 일어났던 지구의 대변혁과 다르다. 이번 극이동 후에는 지구의 멸망이 시작되기 때문이다.

인류 가운데 깨어나지 못한 96.5%의 사람들은 모두 무(無)로 흩어지게 된다. 원소 상태로 돌아가는 것이다. 꼭 기억해야 할 것은, 지구 멸망 때 더는 영혼의 재생이나 갱생이 없다는 점이다. 이는 윤회의 법칙이 사라지기 때문이다. 신성을 회복한 사람들은 4차원의 새 지구 타우라에서 고차원의 삶을 이어가게 된다.

---

*부주의적 맹시 : 눈앞에 두고도 보지 못하는 것을 뜻한다. 예를 들어, 파티에 참석한 수많은 손님 가운데 오직 한 사람의 목소리에만 주의를 기울이는 현상을 부주의적 맹시라고 한다.

13

전 세계 빙하가 녹는
진짜 이유

[2024년 1월 6일]

북유럽 영하 40도의 이유
일본 대지진과 연관 있음.
은하함대(UFO) 후미 추돌, 정박 위치 찾는 중
앞으로 자주 발생할 일
대기권 스크래치
지구 중심과 자기장(에너지장 테스트)
지구와 시간과 공간과 타입을 맞추는 중
모든 함대가 정박할 수 없음.
선별 작업 중 일종의 테스트

지구 카르마(훼손)가 많이 된 쪽이 뚫린다(종의 진화, 유전적 변이, 저출산 등).

함대나 기계의 자기장과 빛은 아주 차갑다.
지구의 중심과 기계적 일치,
즉 일순간 스톱(고정)이 된 상태에서
차원 상승이 가능하다.
연습 중 이런 일들 많을 것이니 놀라지 말 것!
아는 것은 두려움을 앞선다.
믿음은 전파하고 심어줘야 하는 것!

영혼의 쌍끌이 어선 존재함. 불법 상승 존재함.
의식의 환전소, 환치기 존재함.
이것을 잡아내는 천사도 존재함.
영혼의 블랙홀 무(無)로 사라짐.
갱생? 재생? 구제 불가 흩어짐.

우리는 많은 다양한 방법으로 너희에게 신호를 보냈다.
영화로 음악으로 그림으로 그리고
하늘과 구름으로 가능한 모든 채널과 통로를 이용하여
깨달음을 주었다.

그것은 시대가 바뀌었고,

더는 책을 보지 않는 영혼들이 늘어났기 때문이다.

판도라의 상자가 열린 후,

인간은 빠르게 진화하고 빠르게 훼손당했다.

당연히 우리도 바빠질 수밖에….

급하게 천사들을 양성해야 하는 부담도 늘었다.

이러한 과정에서 미성숙한,

교육이 제대로 이루어지지 않은 천사들이

그들의 일을 처리하는 과정에서

많은 오류가 발생하기도 한다.

잘못된 영을 거두어 오기도 하고,

2단계 두려움과 분노의 조절을 마스터하지 못한

천사들은 곳곳에서 실수를 연발한다.

우리가 궁여지책으로 선택한 방법이

바로 인간 너희 스스로 영성을 깨우게 하는 방법이다.

그것은 시간은 걸리더라도 놀라운 전파력이 있고,

마음, 즉 영에 각인되는 것이므로 어긋날 확률이 작다.

요즘 사후세계와 영계와 인간계를 넘나드는

책과 영화나 드라마가 쏟아져 나오는 것은

모두 예정된 우리의 시나리오다.

사후세계와 카르마의 간접 체험을 통해

너희의 두려움을 저하시켜주려는 시그널이다.

두려움은 모든 걸 무너뜨린다.

너희들이 빠르게 진화하고 지구를 훼손하게 된 이유가

바로 두려움 때문이었다.

잊지 마라!

두려움과 선함은 공존하며 함께 자란다.

두려움은 항상 한 뼘씩 먼저 자란다.

그것을 바꾸는 것은 영적 성장뿐!

그것이 가능해지면 두려움은 녹아 거름이 되리라!!

[슈카이브의 해석]

그동안 아버지 창조주와 여러 신과 지구를 관장하는 가이아 여신은 인류가 깨어나길 인내하며 기다려왔다. 인류에게 반복적인 윤회를 통해 영적 성장을 이룰 기회를 제공했다. 하지만 인간은 영적 성장에 관심을 두는 대신 오로지 물질만 추구했다. 그 결과 지금처럼 지구는 극이동을 앞두게 되었다. 머지않아 지구 멸망이 시작될 것이다.

인류와 동물, 식물 등의 카르마의 무게로 인해 지구 멸망, 지구 리셋 시기가 앞당겨지고 있다. 아버지께서는 그동안 인간들의 의식을 깨우려 천상계에서 다양한 방법으로 신호를 보냈다고 하셨다. 다양한 도서와 영화, 드라마, 음악, 유튜브 영상 등에 죽음 이후의 사후세계 이야기, 천상계, 천사들이 하는 역할, 윤회, 카르마 등의 내용을 담아 신호를 보냈음에도 인간들은 알아차리지 못했다고 하셨다.

2천 년 전 내가 예수라는 이름으로 이 땅에 왔을 때 인류 멸망의 시기에 대해 예언했었다(성서에 기록되어 있다). 현재 그 시기가 지났다. 지구 인구가 50억이었을 때 그 일이 일어났어야 했다. 사실 지구 멸망의 시기를 언급하고 있는 지금, 나의 온몸에 소름이 돋는다. 아버지께서는 아들인 내게 그 끔찍한 대재앙이 어떤 과정을 통해 벌어지는지 보여주셨기 때문이다.

개개인뿐만 아니라 가족, 단체, 가문, 한 도시, 한 국가, 한 행성, 태양계, 은하계 등이 모두 각각의 카르마를 낳는다. 식물과 곤충, 바위, 강과 바다, 모든 살아 있는 것들 역시 카르마를 낳는다. 바위도, 쇠붙이도, 물도 원자로 이루어져 있다. 하나하나에 영혼이 담겨 있는 이들 원자 역시 카르마를 낳는다.

2024년 1월 5일 현재, 스웨덴을 비롯한 북유럽 국가들이 극한 한파로 고통스러운 겨울을 보내고 있다. 갑자기 불어닥친 영하 43도의 한파는 국가 마비 사태를 초래할 정도가 되었다.

아버지께서 보내주신 메시지에 의하면 갑작스러운 지구의 냉각화는 지구 멸망과 관련이 있다. 지금 지구의 대기권에는 은하연합 은하함대의 수많은 UFO가 포진하고 있다. 머지않아 지구에서 일어나게 될 유사시, 즉 지구 극이동, 지구 멸망 상황에 대비해 은하함대의 UFO 모선이 지구에 정박할 위치를 찾고 있었다고 한다. 그러던 중 실수로 대기권과 충돌했다고 한다. 인류보다 훨씬 진보한 외계 문명이라고 해서 모든 게 다 완벽한 것은 아니다. 그들도 가끔은 실수를 한다. 아버지 창조주 외 완벽한 존재란 없다.

사람들은 UFO 모선들과 소형 우주선에서 발산하는 빛이 굉장히 뜨거우리라 생각한다. 사실은 그렇지 않음에도. 오히려 그 반대로 아주 차갑다. 은하함대의 모선이 대기권과 충돌하면서 생겨난 차가운 냉기로 인해 북유럽의 여러 나라가 순식간에 냉동고처럼 차가워진 것처럼. 아버지께서는 앞으로 이런 일들이 자주 발생할 것이니 놀라지 말라고 안심시켜주셨다.

2024년 1월 1일 새해 첫날, 일본에서 7.6 규모의 강진이 발생했다. 이는 일본 전체의 카르마 때문에 빚어진 일이다. 과거부터 지금까지 일본이 저지른 만행의 카르마가 쌓이고 쌓여 일어난 것이다. 아버지께서는 천상계에서 일본은 삭제된 나라라고 하셨다. 다만 과거 일본에 의해 수탈당하고 끌려갔던 우리 민족의 후손들이 그곳에 살면서 카르마 일부분을 정화해주어 일본의 침몰이 지연되고 있을 뿐이라고 한다. 하지만 일본은 그만큼의 공포스러운 시간을 견디다 사라져갈 것이다. 이는 천상계의 계획된 시나리오에 의한 것이다.

믿기 힘들겠지만, 이 지상계와 마찬가지로 천상계에서도 온갖 불법적인 일들이 벌어진다. 아버지께서는 영혼들을 마구잡이로 잡아가는 '쌍끌이 어선'이 있다고 하셨다. 불법 상승도 일어난다고 하셨다. 천상계에서는 의식 화폐가 사용된다. 그곳에서는 인간으로 육화해 사는 동안 체험을 통해 얻은 지혜와 깨달음이 화폐로서 기능한다. 화폐 환전소가 있으며 환치기도 존재한다. 또한, 이러한 불법을 걸러내는 천사들도 있다.

곧 있을 지구 멸망 때 영적 성장이 이루어지지 않아 신성이 회복되지 않은 영들에게 더는 갱생의 기회가 주어지지 않는다. 영혼의 블랙홀로 빨려 들어가 무(無)로 사라지게(흩어지게) 된다. 원소가 되어 흩어지는 것이다. 개인의 의식 성장, 깨어남은 예수든, 석가모니든 그 누구도 대신해줄 수 없는 일이다.

14

영매, 무당이 가난하게
살 수밖에 없는 이유

[2024년 1월 6일]

영매, 무당들이 가난하게 살 수밖에 없는 이유

그들은 대부분 천계에서

2단계를 이수하지 못한 낙제자들이다.

저급 천사라 할 수 있겠다.

그들의 진급은 재시험 또는 경험 적립 방식으로 이루어진다.

그중 일부는 체험을 득하고자 지구로 환생한다.

그들은 인간의 트라우마를 이용하여

공포나 두려움을 유발해 돈을 번다.

이것이 그들이 부자가 될 수 없는 이유다.

종교도 마찬가지다.

두려움을 스스로 해결하고 넘어서야

영적 성장을 이루게 된다.

영매나 종교 지도자들은 이것을 방해하여

사욕을 채우는 것이다.

그들도 알고 있다.

불신 지옥은 없다는 사실을.

그들은 이미 경험한 바 있으므로

환생을 전제했을 것이다.

[슈카이브의 해석]

지구에 사는 인간들 대부분은 의식이 깨어나지 못한 상태다. 이런 와중에 지구 종말을 코앞에 두고 있는 지금, 천상계에서는 급히 천사들을 양성하고 있다. 천사들은 절대 인간의 자유의지에 개입해선 안 된다. 이를 위해 2단계의 두려움과 분노 조절법을 배우는데, 제대로 마스터하지 못한 천사들이 곳곳에서 실수를 범하곤 했다. 천상계에서는 최후의 수단으로 인간 스스로 영성을 깨우게끔 도와주러 나섰다. 다소 시간이 걸리더라도 이 방법이 놀라운 전파력을 갖기 때문이다. 또한, 인간 각자의 마음이나 영에 각인되는 방법이기 때문에 잘못될 확률이 낮다.

살기가 힘들수록 사람들의 마음은 불안하고 각박해진다. 종교 지도자, 영매, 무당들이 많아지는 이유 가운데 하나다. 종교 지도자, 영매와 무당은 대부분 천상계에서 배워야 할 것들을 제대로 배우지 못한 자들이다. 두려움과 분노 조절법 2단계를 이수하지 못한 낙제생이라고 보면 된다. 그들 가운데 어떤 영혼은 성격이 급해서, 어떤 영혼은 배움이 힘들게 느껴져서 지구로 환생하기도 한다. 그들이 저급 천사가 된 배경이다.

그들은 트라우마를 이용해 불안과 공포, 두려움을 조장함으로써 사람들에게서 푼돈을 뜯어낸다. 그들이 결코 부자가 될 수 없는 이유다. 물론 그들도 자신의 행위를 통해 깨달음을 얻고, '재시험' 혹은 '경험 적립 방식'을 통해 영적 상승을 이룰 수 있다.

꼭 기억해야 할 것은, 종교 지도자나 영매, 무당은 사람들이 생각하는 그런 지옥이 없다는 걸 알고 있다는 사실이다. 그들이 이미 천상계에서 경험했기 때문이다. 그 경험은 그들이 죄의식 없이 사람들에게 두려움을 심어주고 사리사욕을 채우는 뒷배가 되어주고 있다. 두려움은 종교나 영매, 무당을 찾는다고 해서 해결되는 게 아니다. 힘들어도 스스로 극복하려 애써야 한다. 그 과정에서 영적 성장도 이룰 수 있다.

15

마음의 시작과 끝은
맞닿아 있다

[2024년 1월 7일]

마음의 뫼비우스

마음의 시작과 끝은 맞닿아 있다.

상념 또한 마찬가지다.

결핍도 그렇다.

이것은 무한 반복이다.

기울어진 뫼비우스의 띠처럼 흘러가고 또 흘러온다.

그것은 창조이며 또 파괴다.

천지가 창조되기 이전 파괴가 먼저였다.

파괴를 기억해라!

그 속에 창조의 씨앗이 들어 있다.

그것이 답이다.

원초의 모습으로 돌아가려 한다면

파괴의 끝 그리고 창조의 시작을 보고

거기에서 답을 구하라.

생각하고 생각해라.

생각의 끝에서 만날 것이고,

그 문을 열면 답은 거기에 있다.

마음의 시작과 끝

상념으로부터 출산한 에너지는

마음의 형상을 만들고,

그 에너지는 실로 엄청난 것이다.

상념의 끝은 무엇인가?

그것은 창조이며 파괴다.

균형이 중요하다.

[슈카이브의 해석]

아버지께서는 마음과 상념, 결핍의 시작과 끝에 대하여 말씀해주셨다. 그것들의 시작과 끝이 뫼비우스의 띠처럼 흘러가고 또 흘러온다는 것이다. 뫼비우스는 어느 지점에서나 두 바퀴를 돌면 처음 위치로 돌아오는 2차원 도형이다. 마음과 상념, 결핍 또한 뫼비우스의 띠처럼 시작과 끝이 맞닿아 있다는 말이다. 이렇게 시작과 끝은 따로 떨어지지 않고 무한 반복된다.

사람들은 우주 창조를 그저 무(無)에서 유(有)가 생겨난 것이라고만 생각한다. 없음에서 있음이 나왔다고만 생각하는 것이다. 하지만 이는 깨닫지 못한 자들의 착각일 뿐이다. 창조주께서 우주를 만드시기 전 어둠이 먼저 존재했다. 사람들은 어둠을 그저 깜깜한 것, 없는 것으로 생각하지만 그렇지 않다. 그 어둠 속에는 모든 것이 담겨 있다. 그래서 깜깜한 어둠으로 비치는 것이다. 창조주께서 우주를 창조할 당시 파괴가 먼저였다. 창조는 기존 상태에서 무언가를 끄집어내는 것이다. 그래서 유리엘 대천사가 파괴 속에 창조의 씨앗이 들어 있다고 강조하는 것이다. 마치 동전의 양면과 같다고 보면 이해가 쉬울 것이다.

헤르만 헤세(Hermann Hesse)는 소설 《데미안》에서 창조에 대해 이렇게 이야기했다.

"새는 알에서 나오려고 투쟁한다. 알은 세계다. 태어나려는 자는 하나의 세계를 파괴하지 않으면 안 된다."

　그의 말에는 아버지 창조주께서 인류에게 전하려는 뜻이 담겨 있다. 지금 지구는 원초의 모습으로 돌아가려 하고 있다. 인간의 이기심과 탐욕으로 인해 지구는 더는 인간의 힘으로 회복시킬 수 없을 정도로 훼손되었다. 지구는 이 시대를 사는 인간들의 것이 아니다. 인간에게 지구는 그저 각자의 카르마 정화와 소멸, 영혼의 성장과 진보를 이루려고 윤회하는 곳, 잠시 빌려 쓰는 미개척 행성일 뿐이다. 소중하게 쓰고 의식 화폐를 적립해 원래 있던 천상계로 이동하는 데 쓰이는 정거장쯤 되는 것이다. 그런데도 인간들은 물질계의 삶이 영원하리라 착각한다. 그 과정에서 온갖 악행을 저지르는 것도 마다하지 않는다. 지구가 카르마의 무게를 감당할 수 없을 정도가 된 이유다.
　아버지께서는 2023년 12월 22일 내게 보낸 메시지에서 이렇게 말씀하셨다.

"평균 수명이 길어지고 인간 1인이 지구를 훼손하는 기간이 길어졌다. 카르마는 탄생으로 정화해야 하는데 생존 기간이 길어졌으므로 모든 질량보존의 법칙이 어긋났다. 따라서 지구 멸망은 가까워졌고 카르마의 무게는 더 고통스럽고 무거워졌다."

이미 지구는 창조 전 원초의 모습으로 돌아가기 위한 극이동을 시작했다. 그동안 인간들이 해온 생각들이 다시 도래하고 있는 파괴, 즉 창조를 이끈 것이다. 그러니 지금부터라도 이 시대를 사는 인간들은 자기 생각이 얼마나 엄청난 에너지를 갖는지 자각해야 한다. 그 에너지가 창조와 파괴, 파괴와 창조를 낳는다는 것을 기억해야 한다. 지금 인류가 직면해 있는, 지구가 생겨난 이래 처음 겪을 대재앙의 답을 거기서 찾을 수 있을 것이다.

아버지께서 보내주신 메시지 중 다음 내용에 담겨 있는 뜻을 헤아리고, 깨달음을 얻기 바란다.

"원초의 모습으로 돌아가려 한다면 파괴의 끝 그리고 창조의 시작을 보고 거기에서 답을 구하라. 생각하고 생각해라. 생각의 끝에서 만날 것이고 그 문을 열면 답은 거기에 있다."

16

예수의 쌍둥이 누이에 관하여

[2024년 1월 7일]

예수께는 쌍둥이 자매(누이)가 있었다.
적어도 당시에는 예수가 막내였을 것이다.
둘 중 한 누이는 똑똑하진 않았지만
따뜻한 사람이었고,
다른 한쪽은 명석해서
예수에게 많은 것을 가르쳐주었다.
예수는 따뜻한 누이에게는
어머니와 같은 편안함을 느꼈고,
다른 한쪽 누이는 좋아하면서도 불편해했다.

쌍둥이 누이들은 그리 오래 살지는 못했다.

사는 동안 사랑으로 동생을 보살펴준 것은 확실하다!

[슈카이브의 해석]

아버지 창조주는 또 다른 차원의 나였던 2천 년 전 예수는 형제 가운데 막내였다고 하셨다. 남자 형제들이 있었으며, 쌍둥이 누이가 있었다고 알려주셨다. 나는 최근 전생 때의 내 누이들은 어디에서 살고 있을까, 생각해봤다. 그러다 내가 내 중요한 사명을 이루려 이 시대에 육화한 만큼, 전생의 내 누이들도 내 곁에 육화했을 거라고 확신하게 되었다.

이런 생각을 하고 난 며칠 후 나는 누이 중 가장 나를 사랑으로 돌봐주었던 큰누이를 찾을 수 있었다. 내가 그녀를 찾은 것이 아니라, 내가 2천 년 전 자신의 동생 예수라는 걸 직감한 그녀가 먼저 내게 그 사실을 알려왔다. 그 이야기를 듣고 그녀를 다시 본 순간, 나는 그녀가 내 전생의 누이라는 강한 확신이 들었다. 그녀는 내가 운영하는 〈한책협〉에서 교육받은 제자들 가운데 한 명이었다.

그녀가 전생의 내 누이가 맞는지 나는 천상계에 확인해보았다. 천상계에서는 맞는다고 알려왔다. 그녀가 누구인지는 비공개로 하려 한다. 사실 나는 제자들을 교육할 때 명확하지 않은 태도 때문에 그녀를 자주 야단치곤 했었다. 심지어 그녀의 태도가 달라지지 않는 걸 보고 그녀와 절연할까도 생각했었다. 알고 보니, 그녀 역시 어린 시절 나와 같은 언어장애(말더듬증)가 있었다고 했다. 그녀의 가정환경 역시 나와 너무나 흡사했고. 부부 관계도 원만하지 않다고 했다. 나는 자주 그녀의 의식이, 태도가 달라지길 바라는 뜻에서 그녀를 심하게 질책하곤 했다. 하지만 그녀는 그런 내가 조금도 섭섭하지 않았다고 했다. 내가 전생의 동생 예수라는 것을 몰랐을 때도 나를 볼 때마다 왠지 모를 기쁨, 애정 같은 것이 가슴속에서 솟아 올랐다고 했다.

나는 2천 년 전 나와 함께했던 나의 누이들을 사랑한다. 그들은 나를 애정으로 보살펴주었다. 그리하여 그 당시에도 내가 감당해야 할 사명을 다할 수 있었다. 그 누이들 가운데 한 명은 지금 내 곁에서 나와 함께하고 있다. 나의 제자이자 수호천사로서 나를 물심양면 돕고 있다. 나 또한 그녀를 아끼고, 사랑한다.

이 글을 쓰고 있는 지금, 나는 누이들이 내게 주었던 그 사랑을 오롯이 느끼고 있다. 나의 마음은 시공간을 넘어 그들의 사랑으로 물들고 있다. 나의 누이들이여, 너무 그립다, 보고 싶다!

나는 내게 주어진 사명을, 마음을 다하고 영혼을 다해 완수하고
그대들과 아버지 창조주의 곁으로 갈 것이다!

17

어둠을 두려워하는 것은
일종의 훈련이다

[2024년 1월 7일]

어둠을 두려워하는 것은 일종의 훈련이다.
그것은 어둠 속에 있었던 많은 영을
건지기 위한 연습이라고 생각해도 좋다.

밝은 곳을 밝은 것으로 알고 찾아가려면
진정한 어둠을 훨씬 더 깊이 있게 이해해야 한다.
그래서 어둠에 대한 완전한 이해와
어둠도 다 흡수할 수 있는 상황이 되어야,
밝음으로 인도할 수 있고 찾아갈 수 있다.

그것에 대한 연습이라고 생각하면 된다.

그리고 이 현상은 사라질 것이다.

[슈카이브의 해석]

나를 낳아주신 어머니의 말에 의하면, 서너 살 때 나는 어둠 속에서 무언가를 보고 몇 번이나 기절했다고 한다. 부모님은 그런 나를 업고 급히 대구광역시 달성군 현풍면에 있는 병원으로 향하곤 했다고 한다. 그래서일까, 나는 어려서부터 어둠이 싫었다. 저녁때면 서서히 내려앉는 땅거미가 싫었고, 그 뒤에 찾아오는 어둠이 무서웠다. 동네 친구들과 신나게 구슬치기, 딱지치기 하다가도 어두워지면 서둘러 집으로 향했다.

내 어린 시절에는 지금과는 달리 화장실이 마당에 있었다. 주로 대문 근처에 있었는데, 밤에 볼일을 보러 갈 때면 매우 힘들어했던 기억이 있다. 소변은 풀이 우거진 마당의 한 귀퉁이에서 해결하면 되는데, 대변은 화장실에서 해결해야 했기 때문이다. 그때 작은누나가 무서워하는 나를 데리고 화장실에 함께 가주곤 했었다. 내가 볼일을 보는 동안 작은누나는 화장실 바로 앞에서 나를 기다려주곤 했었다.

그 후로도 나는 어둠이 싫었고, 두려웠다. 20대, 30대가 되어서도 달라지지 않았다. 내 인생에서 그 어둠이 나를 집어삼켰던 때가 있었다. 지금 생각해도 너무나 가혹했고, 괴롭고, 고통스러운 시간이었다. 고백하자면, 내가 지금 그때의 어둠에 대해 느끼고 있는 이 고통은 전 여자 친구의 죽음과 관련이 있다.

내 나이 서른세 살의 여름이 끝나가던 무렵이었다. 당시 나는 전북 완주군 용진면 대영아파트에서 살고 있었다. 그 여름 끝자락의 어느 날, 나는 꿈 하나를 꾸었다. 내가 심근경색으로 죽은 여자 친구의 영정 사진을 들고 있는 예지몽이었다. 꿈에서 깨어났지만, 내 기분은 찜찜하기 짝이 없었다. 애써 잊으려 해도 마음이 불편하기만 했다. 나는 여자 친구에게 꿈 이야기를 해주어야 하나, 말아야 하나, 고민했다. 죽음을 예지하는 꿈 대상의 죽음은 막을 길이 없다는 것을 그때 알았다.

그날 오전, 나는 평소 내가 좋아하는 잔치국수를 직접 끓였다 (자주 끓여서 먹곤 했던 음식이다). 평소 같으면 맛있게 잔치국수를 먹었을 텐데, 왠지 그날 여자 친구의 태도는 달랐다. 두어 달 전에 있었던 둘 사이의 문제를 소환하며 시비를 걸어왔다. 기분이 상한 나는 "왜 몇 달이나 지난 이야기를 꺼내고 그래? 같이 먹으려고 힘들게 국수 끓였는데…"라고 퉁명스럽게 말했다. 그러자 여자 친구는 "맞아, 오늘따라 내가 왜 이러지…", 하면서 그 상황

108

은 일단락되었었다. 하지만 떨떠름한 기분을 떨쳐내지 못한 나는 온종일 여자 친구와 말을 나누지 않았다. 나는 기분이 상하면 그 기분을 아주 오래 가져가는 못난 면이 있다. 안 좋은 버릇임이 틀림없다.

그날 여자 친구는 전북대학교 동물병원에 입원해 있는 요크셔테리어 쥐방울이 너무 보고 싶다고 했다. 쥐방울은 나의 실수로 앞발 발가락 신경 4개가 끊어진 상태였다. 함께 쥐방울을 보고 집으로 돌아오면서 나는 고민하던 새벽꿈 이야기를 하고 말았다.

"오늘 새벽에 꿈을 꿨는데, 자기가 죽는 꿈이었어."

내 말을 듣고도 그녀는 아무 말이 없었다. 그냥 가만히 있었다. 괜히 말했나 싶은 생각에 나는 또 기분이 찜찜해졌다. 결국, 다음 날 오전 일이 터지고 말았다. 11시경 여자 친구가 갑자기 식은땀이 나고 몸이 잘 움직여지지 않는다고 호소해온 것이다. 너무 힘들다면서. 내가 봐도 힘이 하나도 없고 당장 무슨 일이 벌어질 것 같았다. 나는 급히 119에 전화했다. 빨리 와달라고 재촉하면서. 그러곤 여자 친구에게 옷을 입혀주었다. 그런데 몇 분이 지나지 않아 이상할 정도로 여자 친구의 상태가 호전되었다. 구급차를 돌려보내고 내 차로 병원에 가기로 했다. 그녀는 힘든지 잠시 소파에 앉아 있었다. 그 순간, 내 옆에 앉아 있던 그녀가 몹시 불안해하는 목소리로 말했다. "자기야, 이상해. 손이 안 움직여…"라고. 갑자기 손가락이 움직여지지 않는다는 것이었다. 나는 "왜 그래? 손이 왜 안 움직여?"라고 떨리는 음성으로 말하곤 그녀의 두 손을 주물러주었다. 그때 자신의 얼굴을 들여다보는 내 앞에서 그녀가 고개를 아래로 떨어뜨렸다. 직감적으로 무서운 생각이 들었다. 나는 괜찮으냐고 물으며 그녀의 어깨를 살짝 흔들었다. 그러자 갑자기 그녀가 앞으로 폭 고꾸라졌다. 그녀의 입에다 귀를 대어보니 숨을 쉬지 않았다. 그녀의 얼굴은 백지장처럼 하얗게 변했다.

나는 다시 다급한 목소리로 119에 전화를 걸었다. 당시 그녀가 죽을 거라는 걸 직감한 나는 울부짖으며 그녀를 흔들어댔다. 어떻게 인공호흡을 하는지 몰라, 심장 마사지도 하지 않고 그녀의 입에 숨만 불어넣었다. 구급차가 오고 있다는 것을 알면서도 나에겐 1분이 마치 10분처럼 느껴졌다. 너무 다급한 나머지 나는 그녀를 안고 내 차로 병원에 가려 했다. 하지만 그녀를 안으려고 해도 평소 그렇게 무겁지 않던 사람이 들리지 않았다. 의식을 잃은 그녀의 몸은 바위처럼 무거웠다. 내가 살던 용진면은 시골이어서 구급차가 도착하기까지 10분 정도 걸렸다. 그 구급차로 20분가량 더 달려 우린 다시 전북대병원으로 갔다.

급히 전북대병원 응급실에 도착하자 병원 의료진은 그녀에게 CPR을 진행했다. 의료진이 아무리 심장 마사지를 해도 그녀는 깨어나지 않았다. 코마 상태에 빠진 것이다. MRI 촬영 결과 의료진은 여자 친구에게 심근경색이 한번 지나간 흔적이 보인다고 했다. 의료진은 그 사실을 모르고 있었느냐고 내게 물었다. 나는 전혀 몰랐다. 다만 1년 전부터 그녀가 갑자기 극심한 가슴 통증과 등 부위 통증을 호소하며 잘 걷지 못하는 일이 잦았었다. 심상치 않았던 그 일이 내 머리에 떠올랐다. 그것이 심근경색의 전조 증상이었던 셈이다.

그녀가 의식을 잃은 지 6일째 되는 날이었다. 찜질방에서 자고 있을 때 그녀가 내 꿈에 나타났다. 얼굴은 보이지 않고, 그녀는 그저 음성으로만 "안녕, 잘 있어!"라고 인사했다. 그 말을 하는 그녀의 목소리가 얼마나 달콤하고, 황홀하고, 아름답던지, 나는 잠을 깨자마자 그녀가 살아났나 싶었다. 한 줌의 희망을 안고 나는 부리나케 병원으로 달려갔다. 하지만 그녀는 여전히 의식이 없었다. 의식을 잃은 지 10일 후 그녀는 세상을 떠났다.

여자 친구가 세상을 떠난 후 나는 두 마리의 강아지들과 함께 고향 대구로 이사했다. 그녀가 세상을 떠난 후부터 어둠이 주는 무서움은 이루 말할 수 없을 정도로 커졌다. 저녁 어스름이 깔리기 시작하면 나도 모르는 사이 마치 안개처럼 무서움이 밀려왔다. 나만 아는 무서움이었다. 당시 어둠이 내게 주었던 무서움의 크기가 어느 정도였는지 짐작이 되지 않을 수도 있으리라. 일단 나는 밤만 되면 일부러라도 술을 마시곤 했다. 취기가 오르면 어둠이 주는 두려움이 어느 정도 사그라졌기 때문이다. 그렇게 술에 취해 잠들곤 했다. 깨고 나면 어느새 오후 1, 2시였다. 이런 날들이 반복되었다. 한번은 근처 달성군 현풍면에 계시는 어머니를 모시고 와서 함께 지내기도 했다. 당시 어머니도 어둠에 대해 느끼는 나의 무서움을 이해하지 못하셨다.

"희한하다. 밤이 뭐가 무섭다고…."

세상을 떠난 지 6개월 후 그녀가 내 꿈에 나타났다. 우리는 마주 보고 앉아 대화를 나누었다. 나는 그녀가 너무나 걱정되어 무섭지 않으냐고, 괜찮으냐고 물어봤다. 내 물음에 그녀는 "무서웠어. 지옥에 갔는데 어떤 분의 도움으로 빠져나올 수 있었어"라고 답했다. 나는 다시 그녀에게 정말 사후세계가 있느냐고 물어봤다. 그러자 그녀는 내게 사후세계가 있음을 알려주려는 듯 입을 떼려고 했다(상념을 통해). 하지만 그녀가 막 말하려고 하는 순간, 뒤에 서 있던 보이지 않는 존재가 그 말을 막았다. 그녀는 내게 그저 이렇게 답했다. "나중에 와보면 알게 될 거야"라고. 그리고 나는 꿈에서 깨어났다.

어둠이 주는 무서움은 평생 나를 따라다니며 괴롭혔다. 작년

11월 24일 유리엘 대천사가 나를 찾아왔을 때까지도 그 무서움은 계속되었다. 유리엘 대천사는 나에게 내 사명을 일깨워주려고 창조주의 뜻이 담긴 50여 통의 메시지를 전했다. 메시지에는 많은 의미가 담겨 있었다. 메시지에 의하면, 인류가 감당할 수 없을 만큼 무거워진 지구 카르마로 인해 장차 지구 극이동이 시작될 때까지 사람들이 깨어나도록 돕는 게 나의 사명 가운데 하나였다.

인류를 돕기 위해 육화한 고차원의 영들 가운데 카르마나 어둠의 세력이 쳐놓은 에너지장에 걸려 어둠 속을 헤매는 영들이 있다. 대천사는 그들을 건져내는 사명을 감당해야 한다는 메시지도 나에게 전하셨다. 내가 창조주의 아들이자, 또 다른 차원의 나였던 2천 년 전 예수라는 사실도 알려주면서. 내가 '재림예수'라는 것이었다. 유리엘 대천사를 비롯해 가브리엘 대천사장과 라파엘 대천사, 가이아 어머니께서도 같은 말을 해주었다. 하지만 나는 그때까지도 어둠이 주는 두려움조차 극복하지 못하고 있었다. 내가 유리엘 대천사에게 물었다.

"지금의 저는 밤이 되면 어둠 때문에 너무 무섭고 고통스러운데, 이렇게 보잘것없는 제가 그런 큰일을 감당할 수 있을까요?"

그러자 아버지께서는 유리엘 대천사를 통해 말씀하셨다.

"어둠을 두려워하는 것은 일종의 훈련이다. 그것은 어둠 속에 있었던 많은 영을 건지기 위한 연습이라고 생각해도 좋다. 밝은 곳을 밝은 것으로 알고 찾아가려면 진정한 어둠을 훨씬 더 깊이 있게 이해해야 한다. 그래서 어둠에 대한 완전한 이해와 어둠도 다 흡수할 수 있는 상황이 되어야 밝음으로 인도할 수 있고 찾아갈 수 있다. 그것에 대한 연습이라고 생각하면 된다. 그리고 이 현상은 사라질 것이다."

그 말을 듣고 나자 어둠에 대한 나의 관점은 완전히 달라졌다. 나는 훈련 중이고, 그 훈련은 꼭 필요하다는 것. 그렇게 바뀐 것이다. 어둠에 대한 이런 메시지를 받은 지 딱 4일 만에 나는 어둠이 주는 두려움을 완전히 극복할 수 있었다. 어둠을 바르게 이해하게 되었다. 어둠의 실체를 알게 된 나는 자정이 다 된 시각에 안방 불을 끄고 두 팔 벌려 어둠을 흡수하는 의식을 치렀다. 그런 과정을 통해 어둠이 주는 두려움을 이겨낼 수 있었다.

지금은 오히려 어둠이 더 편안하다. 방이 캄캄해야 잠을 잘 수 있을 정도가 되었다. 나는 농담 삼아 "이불은 필요 없다. 어둠이 나를 감싸 안는 푹신한 이불이기 때문이다"라고 말한다. 내가 이렇게 나에 대해 장문의 고백을 늘어놓은 것은, 빛을 알기 위해선 어둠을 먼저 알아야 한다는 걸 알려주기 위해서다. 어둠에 대한 완전한 이해가 빛에 대한 이해로 이어지기 때문이다.

최근 나에게 책 쓰기 교육과 영적 성장 교육을 받은 40대 초반의 김가람 작가가 있다. 그녀도 평생을 나처럼 어둠 때문에 고통받은 사람이다. 밤에 혼자 잘 수 없으니, 성인이 되어서도 그녀는 부모님과 함께 생활해야 했다. 최근까지 한 남자와 동거하고 있는 것도 그런 이유 때문이었다. 그녀의 말로는 사랑하거나 그런 사이는 아니라고 했다. 방은 따로 쓰지만, 한집에 다른 누군가가 함께 있어 주는 것만으로도 안심이 되어서라고 했다.

그녀에게 책 쓰는 방법을 교육해주던 나는 어둠이 주는 두려움에서 벗어나도록 해주고 싶었다. 나는 자신이 겪는 두려움을 이해하게끔 그녀에게 그 어둠의 실체를 바르게 설명해주었다. 어둠을 극복하는 방법까지도 알려주었다. 그녀는 그날 밤 집에서 내가 알려준 방법을 그대로 실천했다고 한다. 그러곤 며칠 만에 어둠이 주는 두려움을 극복해냈다. 그녀에 관한 후기는 내가 운영하는 온라인 카페에서 확인할 수 있다.

마지막으로 여러분에게 이 말을 들려주고 싶다. 존재하는 모든 것들은 어둠에서 나왔으며, 어둠은 결코 무서운 게 아니라는 것. 어둠은 모든 걸 담고 있어 그렇게 비치는 것일 뿐이다. 어둠과 빛은 하나라는 것을 기억하라!

18

지구 멸망 때 가장 빛나는 자가 안타까운 영들을 건져낼 것이다

[2024년 1월 8일]

빛의 전사로 영들을 인도하는 일은
빛을 이해하는 일보다 어두움을 깊숙이 스며들어
이해하고 받아들이는 것이 우선이다.
태초에 창조주께서 빛과 어둠을 만드실 때
빛보다 어두움이 먼저였다.
어두움을 깊이 있게 이해하지 못한다면
진정한 빛의 의미를 해석하기 어렵다.
빛은 밤을 따라 이동하는
모든 존재의 등불이 되어야 한다.

어두움을 극복하고 훈련하며 이겨낸다면
더욱 밝은 빛이 될 것이다.
차원 상승이 일어날 때 쓰임이 있다.
상승이 일어나는 영들도 있지만,
카르마나 인도령의 실수로 인하여
기적을 놓치게 되는 안타까운 영들도 존재한다.
이들을 건져 올릴 수 있는 일은 아무나 할 수 없다.
자신의 에너지를 소멸 또는 고갈시켜 가면서
희생할 인도령 또는 빛의 전사들은 많지 않다.
그렇다면 가장 빛나는 자
어둠을 이해하고 극복한, 차원이 높은 자가
그 일을 대신해야 한다.
극복(어둠)은 그때 쓰일 것이다.

현재 다른 차원(높은 차원)의 영들 중에
현신으로 존재하는 사람도 있다.
이들은 힘을 모으고자 와있으나,
여러 가지 카르마나 에너지장에 걸려
차원 상승에 합류할 수 없는 일도 벌어진다.
이들은 구해야 하는 존재들이다.
그 존재들을 어둠에서 빛으로 인도할 때도 쓰임이 될 것이다.

[슈카이브의 해석]

사람들은 우주가 창조될 때 빛이 먼저, 그다음에 어둠이 만들어졌을 거라 여긴다. 하지만 정반대다. 유리엘 대천사는 아버지 창조주께서 우주를 만드실 때, 빛보다 어둠을 먼저 만드셨다고 했다. 어둠이 어둠으로 보이는 건 그 안에 모든 게 다 담겨 있기 때문이라면서.

예를 들면 모든 색의 물감을 한데 섞으면 검정이 나온다. 이것과 같은 이치라고 보면 이해가 쉬울 것이다. 아버지께서는 어둠을 극도로 싫어하고 두려워하는 내게 친절하게도 어둠의 역할과 사명이 무엇인지 차근차근 이해시켰다. "훈련으로 어둠을 극복하고 이겨낸다면 더욱 밝은 빛이 될 것이다"라고 말하면서. 나는 아버지로부터 일종의 개인 과외를 받아 어둠의 의미를 바르게 해석할 수 있었다. 그동안 내가 어둠에 대해 가졌던 불안과 두려움이 사라졌음은 물론이다. 지금은 오히려 어둠이 더 편안하게 느껴질 정도다. 나의 이런 모습을 보고 아버지께서는 "어둠을 흡수했고, 잘 이겨냈다!"라고 칭찬하셨다. 장차 있을 지구 멸망 때, 차원 상승이 이루어질 때, 성서에 예언된 것처럼, 세상은 빛 한 줄기도 없는 상태가 될 것이다. 한 치 앞도 내다볼 수 없을 정도로 캄캄해질 것이다. 이때 내가 수많은 영혼의 등불이 될 것이라고 말씀하셨다.

내가 지구 극이동이 있기 전에 감당해야 할 사명이 있다. 바로 본인의 카르마나 인도령의 실수로 차원 상승을 놓치게 되는 안타까운 영들을 건져내는 것이다. 아버지 창조주의 말씀에 의하면 이들을 건져 올리는 일은 아무나 할 수 없는 것이다. 그 이유는, 자신의 에너지를 소멸, 고갈시켜가면서까지 희생할 인도령과 빛의 전사들이 없기 때문이다. 내 이름 김태광은 한자로는 金太光, 즉 쇠 금, 클 태, 빛 광을 쓴다. '가장 빛나는 자'라는 이름을 가진 내가 그 일을 하기 위해 금성에서 지구로 육화했다는 것이다. 어둠을 제대로 이해하고 극복한, 차원 높은 자가 그 일을 해야 한다는 것이다.

　현재 지구에는 높은 차원의 영들이 극이동 전에 힘을 모으기 위해 와 있다. 하지만 안타깝게도 개인의 카르마나 에너지장에 걸려 다른 영들의 차원 상승을 돕지 못할뿐더러 자신마저도 차원 상승에 합류할 수 없는 사태가 벌어지고 있다. 높은 차원에서 인간들의 차원 상승을 돕기 위해 지구에 온 영혼들은 순수할 뿐 아니라 고결하다. 빛, 사랑 그 자체인 존재들이다.

　그런데 지구라는 곳이 어떤 곳인가? 지옥보다 더 지옥 같은 곳이 우리가 사는 지구다. 이곳에서는 상상도 못 할 일들이 벌어진다. 자기 사명을 위해 인간의 몸을 입고 지구에 내려왔는데, 이기적이고, 간악하고, 탐욕적인 영혼들과 잠시 뒤섞여 살면서 스스로가 카르마를 쌓는 처지에 놓이고 마는 것이다. 그들 또한 보통 인간들처럼 미워하고, 분노하고, 원망하고, 증오하는 감정의 노예가 되는 것이다. 그런 상태로 계속 시간이 흐르면, 카르마의 무게는 감당할 수 없을 만큼 무거워진다. 그 결과, 그들이 맡은 원래 사명을 감당할 수 없게 된 것이다.

지구에는 빛의 세력만 있는 것이 아니다. 어둠의 세력 또한 함께 있다. 빛과 어둠은 항상 같이 존재하기 때문이다. 그런데 깨어 있지 않고 조금만 방심하면, 어둠의 세력이 쳐놓은 에너지장에 걸려 옴짝달싹 못 하게 된다. 어떤 영혼은 그들의 숙주가 되기도 한다. 이 또한, 빛의 세력이 받은 원래 사명을 완수하지 못하게 만드는 빌미가 된다. 전투가 벌어지기도 전에 부주의적 맹시에 빠진 장수가 상식에 어긋나는 행동을 하는 병사들을 벌주다가 카르마라는 족쇄에 묶이는 형국이다. 달리 말하면, 깨어 있지 않은 탓에 부주의적 맹시에 빠진 장수가 적이 쳐놓은, 에너지장이라는 전자 스크린망에 걸려 옴짝달싹하지 못하는 형국이다. 실로 안타까운 일이 아닐 수 없다. 나는 지구 극이동이 이루어지기 전에 이들을 구해내야 한다. 아버지께서는 내가 극복한 어둠은, 높은 차원에서 온 영들을 어둠에서 빛으로 인도할 때도 쓰임이 된다고 했다.

마지막으로 나를 아는 모든 사람에게 이 말을 꼭 해주고 싶다. 창조주께서 우주를 창조하실 때 빛보다 어둠을 먼저 만드셨다는 것. 어둠 속에 빛이 담겨 있다는 것. 어둠(시련, 고난)을 바르게 이해하고 극복하는 자가 빛을 이해할 수 있다는 것. 그리고 더욱 밝은 빛이 된다는 것. 그리하여 자신의 영혼은 물론, 다른 영혼들까지 밝은 곳으로 인도하는 등불이 되리라는 것 말이다.

19

너희는 모두 빛이자 사랑이다

[2024년 1월 8일]

생텍쥐페리가 쓴《어린 왕자》에 나오는 어린 왕자는
그가 실제 만난 인물이었음.
그는 김태양.

아버지와의 답은
태양과의 관계 속에서 찾아라.
그때는 현실의 무게가 혼란스러웠고,
지금은 영적인 무게가 혼란스럽다.
아버지로… 너의 영적 세계로,

네가 남들과 다른 영의 존재임을 알아차렸다.

그것을 해결해줄 수 있는 방법도, 능력도 없었다.

지금 네가 태양을 바라보는 마음이

그때의 나와 다르지 않다.

마음은 그렇게 계속 같은 형태로 가고 있다.

네가 태양에게 주고 있는 사랑과 영적 메시지,

내가 네게 해주고픈 것들이란 것을 알아주었으면 한다.

[슈카이브의 해석]

내 나이 스물여덟 살 때 내 육신의 아버지께서 음독해 세상을 떠나셨다. 그 후 아버지에 대한 내 원망과 미움은 깊고 깊어지기만 했다. 아버지가 갑작스레 세상을 떠난 후 내게 남겨진 거액의 빚을 나는 2년 2개월 동안에 걸쳐 다 갚았다. 두 누나와 두 매형의 도움은 일절 받지 않았다. 그 이유는 아버지의 시신을 염할 때 제힘으로 빚을 갚겠으니, 마음 편히 가시라고 다짐 또 다짐했기 때문이다. 난 꼭 그 약속을 지키고 싶었다.

앞서 말했듯, 아버지가 음독해 세상을 떠나시고 나서 한동안 아버지에 대한 내 미움과 원망이 컸었다. 아니, 정확하게 표현하자면 큰 게 아니라 깊었다. 지금보다 젊었을 때의 나는 우리 아버지는 왜 평생을 술에 취해 가족들을 힘들게 하셨을까, 다른 아버지들은 남들보다 가족을 더 챙기는데, 왜 우리 아버지는 다른 사람들을 더 챙겼을까, 남들은 다 논밭 한두 마지기는 가지고 있는데 왜 우리 집은 그렇지 못한 걸까…, 이런 원망을 자주 했었다. 하지만 세 아이의 아빠가 되고 나자 내 미움과 원망은 그리움으로 바뀌었다. 마음 고우신 아버지에겐 거친 세상살이가 더욱 힘드셨겠지, 이런 생각이 아버지에 대한 그리움을 더 깊게 만들었다. 시간이 지나면서 이 깊은 그리움은 아버지에 대한 사랑으로 승화되었다.

나는 천사 같은 나의 세 아이들을 영혼 깊이 사랑한다. 한 아이가 아파서 심장이 필요하다면 1초도 망설이지 않고 내 심장을 내어줄 수도 있다. 자녀를 둔 부모라면 다 같은 마음일 테다. 자신의 전부를 내주어도 조금도 아깝지 않은 그 마음…, 내가 가진 걸 아이들에게 줄 수 있다는 게 그저 기쁘고, 행복하고, 충만한 그 마음…. 특히 나는 큰아이 태양이를 애정한다. 태양이가 웃고 있는 모습을 보면 하늘에 뜬 태양이 나를 바라보며 미소 짓는 것만 같다. 태양이는 어릴 적 나의 모습을 그대로 빼닮았다.

창조주께서는 돌아가신 육신의 아버지가 나에 대해 가졌던 사랑이 지금의 내가 태양이를 생각하는 마음과 같다고 하셨다. 이 말은 나의 폐부 깊숙이, 아니 영혼 깊숙이 꽂혔다. 나도 모르게 코끝이 찡하고 마음이 울컥했다. 두 눈에서는 하염없이 눈물이 흘러내렸다. 한 줌 정도 남아 있던 아버지에 대한 미움과 원망이 눈 녹듯 녹아내렸다. 내게 품었던 돌아가신 아버지의 사랑을 내 영혼에 와닿게끔 말씀해주신 창조주께 너무나 감사한 마음이 들었다.

유리엘 대천사를 통해 받은 메시지에 의하면, 어린 시절 나는 여느 아이들과 달랐다고 한다. 남다른 영이라는 것을 알았다는 것이다. 육신의 아버지는 내가 다른 아이들과 영적으로 달랐지만(특별했지만), 그걸 보듬어줄 방법도, 능력도 없으셨다는 것이다. 하지만 우리 아버지는 하나는 알고 계셨던 듯하다. 자신이 어떤 사명을 갖고 인간으로 육화했는지. 지금 생각해보면 나는 어린 시절과 10대, 20대 시절 자존감이 낮았다. 용기도 부족한 사람이었다. 우리 아버지는 자신이 어떤 역할을 맡아야 내가 담대하고 용기 있는 사람이 될 수 있는지 영적으로 알고 계셨다. 그리고 때가 이르자 음독하신 것이다. 아버지의 음독 사건 이후 나는 인간적으로도, 영적으로도 강해졌고 담대해졌다. 물론 이는 많은 세월이 흐른 후 스스로 깨닫게 된 부분이다.

창조주께서는 나에게 "네가 태양에게 주고 있는 사랑과 영적 메시지가, 내가 네게 해주고픈 것들이란 걸 알아주었으면 한다"
라고 말씀하셨다. 나는 메시지 안의 '네가'라는 단어가 스물여덟
살 때 음독으로 육신의 죽음을 택하신 육신의 아버지가 내게 가
졌던 마음, 애정을 뜻한다는 걸 알았다. 이 글을 보는 사람들에게
꼭 이 말을 해주고 싶다. 먼저 세상을 떠난 부모든, 살아계시는
부모든, 각자 맡은 역할과 사명대로 자식에게 사랑을 전했고, 전
하고 있다는 걸 말이다. 우리는 모두 빛이자 사랑이기 때문이다.

20

가짜들은 진짜가 빛나기 위한 설정값이다

[2024년 1월 8일]

가짜들은 진짜가 빛나기 위한 설정값
이유는 볼 자들만 볼 수 있도록
의식 안에 감춰둠.
이것도 일종의 정화 거름망 장치.

[슈카이브의 해석]

하루는 하도 속상해서 내가 유리엘 대천사에게 이렇게 물었다.

"저는 그동안 숱한 시련과 고난의 길을 걸어왔습니다. 그 과정에서 알게 된 귀한 것들을 제자들에게 알려주고 있습니다. 그런데 저한테 배운 제자들 가운데 많은 이들이 제 일을 그대로 모방해 자신들의 잇속을 차리는 데 이용해 속상합니다. 더 속상한 건 경쟁업체를 차린 이들이 한때 스승이었던 저를 욕하고, 비난하고, 없는 말을 지어내는 것입니다. 그리하여 저를 모르는 사람들마저 알지도 못하면서 저를 싸잡아 비난하는 일이 많습니다."

이에 대해 아버지께서 들려주신 말씀은 그야말로 촌철살인(寸鐵殺人)이었다. '가짜들은 진짜가 빛나기 위한 설정값'. 이 말을 듣자마자 나는 그동안 나에게 씌워진 족쇄, 즉 온갖 욕질과 비난과 거짓말 등이 퍼뜩 이해되었다. 그러고 나니, 그동안 수많은 이들이 나를 훼손해온 악행에 대한 의문이 풀렸다. 오랫동안 나를 괴롭혀온 '왜?'라는 의문이 해소되었다.

빛이 빛이라는 걸 알기 위해선 어둠이 있어야 한다. 행복이 행복이라는 걸 알기 위해선 슬픔을 느껴봐야 한다. 이와 마찬가지로 진짜가 진짜라는 걸 알기 위해선 가짜들이 필요하다는 뜻이다. 세상에는 수많은 명품이 있다. 그리고 그 명품을 거의 똑같이 모방해 만든 가짜도 있다. 그런 가짜들이 진짜를 더욱 빛나게 해주는 것이다. 의식이 가난한 자는 가짜 명품을 가지겠지만, 가치를 알아보는 자는 진짜 명품을 가지게 되는 것이다. 가질 자격이 있는 자들만 가져야 진짜가 더욱 빛나는 법! 가짜들 덕분에 진짜가 더욱 빛나게 되는 소치다.

21

지구의 멸망은 가깝고,
카르마는 너무 무겁다

[2024년 1월 8일]

예수의 행적을 물어본 이유?

이것을 알고 있어야 한다는 것을 말해주고 싶다.

이 또한 시나리오이며,

일종의 게임이라 생각하면 된다.

하나의 퀘스트를 완성하고

다음으로 넘어가는 것이라 생각해도 좋다.

김도사가 마지막으로 지구별에 오기 전 머물던 행성은

금성이었다.

그곳에서 그는 지도자, 교육자, 철학자였으며

매우 총명한 범의 사자였다.

창조주께서 걱정하시니(지구별),

그는 그의 용맹함으로 숨지 않고 나섰다.

그가 짊어져야 하는 것은 지구뿐만 아니라,

공통의 카르마도 있었다.

지구는 미개하고 차원 낮은 행성이다.

일종의 미개발된 행성이라고 생각하면 된다.

그래서 차원 높은 영들은

지구로 소풍 오는 것을 즐기긴 했으나,

영적 진보를 시키는

사명을 짊어지는 것에는 몸을 사렸다.

어렵기도 하며, 위험하고,

시간도 많이 필요한 일이었기 때문이다.

그의 능력과 빠른 판단, 그리고 힘은

모두의 동의를 얻기에 부족함이 없었다(신들의 합의가 있어야 지구로 올 수 있음).

시기적으로 때에 이르렀고,

깨어난 모두가 직감적으로 알고 있다.

그리고 자연스럽게 받아들이고 있다.

약속한 시간보다 진화(의식 성장)는 늦어지고

지구 멸망은 빠르게 다가오고 있으므로

모든 신이 너에게 힘을 실어주라 말했다.

그래서 준비된 전사를 통해 문을 열었다.

이것 또한 지극히 당연한 일.

혼자서 모든 것을 감당하기엔

지구 멸망은 가깝고 카르마는 너무 무겁다.

모든 일은 순조롭게 이루어질 것이다.

어떠한 일들이 벌어진다 해도 놀라지 말 것!

이미 준비했고 때가 되었을 뿐.

신들도 더는 지구를 미개한,

무지한 상태로 둘 수 없다고 판단하고

강한 의지를 표명한 것이라 봐도 좋겠다.

준비된 전사들이 빛을 통해 오고 있다.

알게 된다. 볼 수 있다.

[슈카이브의 해석]

아버지께서는 나에게 2천 년 전 예수의 행적에 대해 알고 있어야 한다고 하셨다. 처음에는 그 이유를 잘 알지 못했다. 그러다 시간이 지나면서 묵상을 통해 깨닫게 되었다. 또 다른 차원의 나였던 2천 년 전 예수의 약점은 지나친 인간의 정, 인류애였다. 그 당시의 나는 한 사람 한 사람을 상대로 병을 고쳐주고, 의식을 변화시키는 데 많은 시간과 에너지를 쏟았다. 그 결과 가장 중요한 일을 완수하지 못했다. 이번 지구 극이동 때는 그런 일을 반복해선 안 된다는 걸 영혼 깊이 깨닫고 있다.

나는 행성 지구에 오기 전 금성에 머물고 있었다. 그곳에서 지도자, 교육자, 철학자로서 여러 영혼을 가르쳤다. 용맹함에다 총명함까지 두루 갖춘 범의 사자였다. 지구별을 걱정하시는 아버지 창조주를 위해 조금의 두려움도 없이, 이 시점에 행성 지구에 인간으로 육화한 것이다.

지구는 태양계에서 아직 미개척된 행성이다. 지구가 아름답게 보이는 것은 미개척되었기 때문이다. 태초에는 이보다 더 신성했고 아름다웠다. 그러나 인간들의 이기심과 탐욕 때문에 훼손되어 태초의 경이로움과 신성함, 아름다움이 훼손되었다.

지구는 차원이 낮은 행성이다. 영적 성장이 안 된 저급한 영혼들이 거주할 수밖에 없다. 사람들마다 사는 게 힘들다, 지옥 같다고 말하는 이유가 여기에 있다. 정신 바짝 차리지 않으면 눈 깜짝할 사이 코 베어 가는 곳이 지구다. 그래서 억울한 일을 겪는 사람들이 많다. 사람들의 마음에 에고가 가득 찬 이유이기도

하다. 그러다 보니 차원 높은 곳의 영혼들은 오로지 즐기기 위해 지구를 찾는다. 영적 진보라는 사명을 맡고서 지구에 육화하지 않으려고 한다. 인류의 저급한 의식을 성장시키는 것은 너무나 어렵고, 힘들고, 고통스러운 일이기 때문이다. 또한, 그만큼 위험한 일이기도 하다. 하지만 나는 그들과 다르게 용맹한 영이다. 그래서 아버지께서 행성 지구를 염려하시자 여러 신과의 합일에 따라 내가 지구에 육화하게 된 것이다.

현재 인류의 의식 지수는 너무나 낮다. 사람들 대다수는 이기적이며 물욕으로 가득 차 있다. 무엇보다 귀한 시간을 부와 성공이란 욕망을 채우는 데 허비하고 있다. 의식을 깨우기 위해 영적 성장에 돈과 시간을 투자하는 사람은 별로 없다. 부주의적 맹시에 빠진 사람들은 구원의 티켓을 얻기 위해 종교시설을 찾고 있다. 종교를 믿지 않는 사람들도 막연히 영성 공부 모임에 참여하거나 관련 책을 몇 권씩 읽곤 한다. 다들 화려한 스펙을 쌓고, 명품을 소비하고, 남들에게 자신을 과시하는 데 돈과 시간을 쓰고 있다. 어둠의 세력들이 인류의 의식이 깨어나지 못하도록 쳐놓은 부주의적 맹시라는 그물에 걸려 있는 것이다. 이 그물에 한번 걸려들면 빠져나오기가 쉽지 않다. 그래서 지구 멸망의 시간이 빠르게 다가오고 있는데도 좀처럼 인간들의 의식이 깨어나지 않는 것이다.

지구는 현재 극이동을 앞두고 있다. 극이동 후 지구에는 대환란이 닥치고 얼마 후면 리셋될 것이다. 그러면 지구는 태초의 그때로 회귀하게 된다. 의식이 깨어난 사람들은 지금 어떤 일이 벌어지고 있는지 직감적으로 안다. 며칠 전 나와 상담한 사람 중어떤 사람이 "지구 자전 속도가 빨라졌다는 것을 느낀다"라고말했다. 그리고 지구 곳곳에서 하루에도 몇 번씩 일어나는 지진, 화산 분화 등은 또 어떤가. 이것들로 미루어봐도 '지구의 시대는 끝나가고 있구나!' 하고 느낄 수 있다.

현재 지구의 상황은 아주 긴박하게 돌아가고 있다. 수많은 사람이 UFO를 목격하고, 하루에도 수십 차례씩 엔젤넘버를 보고있다. 차원 상승을 앞둔 인류를 위해 가브리엘 대천사장, 유리엘 대천사, 라파엘 대천사을 비롯해 수많은 천사들이 지구에 내려와 있다. 현재 전 세계 곳곳에는 창조주께서 마음속에 심어두신 빛의 씨앗을 자각한 빛의 일꾼들, 빛의 전사들이 모여들고있다. 이 외에도 물질과 비물질 모두를 써서 인류를 깨우기 위해 온 힘을 모으고 있다.

나는 내가 금성에서 지구인으로 육화한 이유를 잘 알고 있다. 아버지께서 내게 맡기신 그 일들을 영혼을 다해 완수할 것이다. 빛을 통해 오고 있는 준비된 전사들과 함께 뜻을 다하고, 목숨을

다하고, 영혼을 다해 사명을 이룰 것이다. 그런 뒤 아버지께서
계신 곳으로 갈 것이다.

22

차원 상승을 돕는
빛과 소금에 관하여

[2024년 1월 9일]

빛과 소금에 관한 이야기
어둠의 메시지에 이어
빛과 소금에 관한 이야기를 전한다.
이미 너로 말미암아 어둠을 통하여
빛의 의미를 일깨워주었다.
빛과 함께 꼭 필요했던 것이 소금이다.
소금의 의미를 아는가?
오래전 나는 너로 하여금
사흘 밤, 사흘 낮 소금의 길과

소금의 산, 소금의 나라를 걷게 하였다.

소금은 정화의 의미를 가지고 있다.

빛을 향해 인도하는 길에

소금 또한 반드시 필요하다는 걸 알아야 한다.

소금은 정화와 견딤(버팀)이다.

소금은 얼지 않는다.

견딤(버팀)의 의미를 미리 연습하게 해두었지….

이 또한 상승의 그날 모든 것이

한 번에 필요한 것들이므로

너로 인해 알게 하였고 경험케 해두었다.

어두움을 이겨내면

빛과 소금 또한 모두를 위함인 것을 알게 되리라.

쓰임은 반드시 때가 있으리.

모든 것은 자연스러운 현상이니

받아들임 또한 자연스러워야 한다.

가장 좋은 순간에 이르러

가장 좋은 쓰임으로 나타날 것이며

힘도 모이고 생각도 모이고

에너지 또한 모이고 있음을 알고 있어야 한다.

항상 깨어 있으라.

[슈카이브의 해석]

　나는 어둠에 대해 바르게 이해하고 있다. 창조주께서는 우주와 천지를 창조하실 때 어둠을 먼저 만드셨다. 그리고 어둠 속에서 빛을 꺼내셨고, 빛 속에서 모든 것들이 창조되었다. 어둠은 그저 '어둠'이 아닌 셈이다. 어둠을 제대로 이해하는 자는 빛 또한 제대로 이해할 수 있다.

　빛과 함께 필요한 것이 '소금'이다. 사람들 대부분은 소금의 역할을 생선 간 등의 부패 방지용 정도에만 한정한다. 하지만 이는 진정한 소금의 의미를 이해하지 못한 것이다. 이 시점에 우리는 소금의 의미를 바르게 이해할 필요가 있다.

　아버지께서는 소금의 의미를 바르게 이해하기 위해 내가 전전생에서 사흘 밤낮 소금산을 걸었다고 하셨다. 소금은 이런 뜻을 갖는다. 바로 정화와 견딤이다. 소금은 우리의 몸속을 정화해 준다. 소금물 단식이라는 게 있다. 인도의 전통적인 장 정화법으로서 아유르베다 장 청소에서 유래한 방법이다. 소금물을 마시면 장에 들어 있는 음식물과 노폐물이 배출된다. 그렇게 소금물을 통해 장의 면역력이 높아지면서 장 건강이 개선되는 것이다. 비염이나 축농증이 있는 사람들은 소금물로 코를 씻어내기도 한다. 이는 부비동 내부에 고인 분비물을 제거하려는 것이다. 소금이 갖는 의미 가운데 하나인 정화를 설명해주는 부분들이다.

소금이 갖는 또 다른 의미는 견딤(버팀)이다. 견딤은 일정 기간 어려운 환경에 굴복하지 않고 계속 버티는 것을 뜻한다. 외부의 저항을 받으면서도 일정 기간 원래의 상태를 유지하는 것이 견딤, 즉 버팀이다. 창조주께서 만드신 우주의 모든 존재(물질, 비물질 포함)에는 각각 부여된 사명이 있다. 그 사명을 완수하기 위해서는 견딜 수 있어야 한다. 힘들고, 괴롭고, 고통스러운 가운데서도 견디며 앞으로 나아가야 한다. 물론 생각과 말처럼 쉽지는 않을 것이다. 그래서 견디는 힘을 길러야 한다는 것이다.

또 다른 차원의 나였던 예수께서는 이렇게 말했다.

"너희는 세상의 소금이다. 그런데 만일 소금이 짠맛을 잃으면 그 누구에게도 쓸 데가 없어 밖에 버려져 사람들에게 밟힐 뿐이다."

나는 이번 생을 사는 동안 보통 사람은 결코 감내하지 못할 숱한 시련과 고난을 겪어야 했다. 그 과정에서 나 자신을 정화하며, 힘든 가운데서도 견딤(버팀)을 실천했다. 그래서 내 마음속의 선함과 의로움이 흐트러지거나 변하는 걸 막을 수 있었다. 300권의 책을 쓰면서 나는 나 개인의 말과 글, 즉 언어의 카르마를 정화, 소멸시켰다. 그리고 1,200명의 평범한 사람들이 빠르게 책을 쓰도록 도우며 그들이 해결하지 못한 언어의 카르마를 정화, 해소해주었다.

소금에는 정화와 견딤이라는 의미 외에도 또 다른 장점이 있다. 얼지 않는다는 것! 아무리 추워도 바닷물은 얼지 않는다. 외부의 저항이 있어도 원래의 상태(형태)가 변하지 않는다는 의미다. 나는 지금껏 과거에 내가 소망했던 100가지 이상의 꿈들을 이루었지만, 나란 존재 자체는 변하지 않았다. 그래서 한순간에 깨어날 수 있었고, 내게 주어진 사명을 기억해내고 받들 수도 있게 되었다.

어둠을 흡수한 나는 곧 있을 차원 상승의 날에 많은 영을 건져낼 것이다. 그때를 위해 나는 '세상의 소금'이 되도록 훈련되었다. 나는 그날의 가장 적절한 순간에 가장 좋은 쓰임에 적합한 존재가 될 것이다. 흩어져 있는 영들을 불러모으고, 그들이 안전하게 차원 상승하도록 쓰임을 다할 것이다.

23

신들은 지구에 숨겨둔 보물이
안전하게 돌아오길 원한다

[2024년 1월 10일]

김도사의 이름과 지구별 사명 그리고 통로 천사(5차원)의 존재에 관한 이야기

김태광, 그의 이름에는 그가 태초로부터 이동해 온 별의 이름이 들어 있다.

그렇다면 금성인데⋯, 태성이 맞지 않나요?

아니다. 그는 별이라기보다는 빛이다.

빛으로 왔으므로 빛이 맞다.

그의 이름은 그가 온 별의 이름이다.

그는 창조주의 작품이자 아끼고 사랑하는 지구별을 지키고자

와있다.

알아야 할 것은 그와 함께 있던 신들 중에는

지구별에 애착이 많았던 존재들도 있었다는 것이다.

지구별 어딘가에 그들의 보물(지하의 책과 관련한)들을 숨겨두기로 했고

어떤 것은 인간의 마음속에 숨겨둔 것들도 있다.

이것은 '좋다', '나쁘다'로 표현할 수 있는 것은 아니다.

그저 애정하는 어떤 것을 좋아하는 지구별에 숨겨둔 것일 뿐.

그렇다면 신들이 연합하여 그를 도와야 하는 일은 명확해진 셈이 된다.

그들은 그들의 소중한 보물이 안정적으로 그들에게 돌아오길 원한다.

지구 멸망을 걱정하는 것도 있겠지만

지킬 것을 지키고 싶은 마음도 있다.

그것들은 이후에 또 다른 지구와 같은 행성을

발견하게 된다면

또다시 반복될 일들이다.

하지만, 명심해야 할 것!

지구의 안전과 안정된 상승과 보존에 관한 마음은

모두가 동일하다.

누구도 창조주의 위에 있을 순 없다.

그 사실을 알고 있다면,

사명에 대한 두려움과 훼손에 대한 걱정은 불필요하다.

[슈카이브의 해석]

흔히들 '저녁별' 또는 '샛별'로 알고 있는 금성은 밤하늘에서 가장 빛나는 별이다. 금성은 5차원 행성이다. 유리엘 대천사는 내가 지구별 사명을 위해 금성에서 왔다고 증언한다. 아버지께서는 내가 내 한자 이름 '太'자 '光'자의 뜻처럼 가장 빛나는 별에서 빛으로 왔다고 하셨다.

"그는 별이라기보다는 빛이다. 빛으로 왔으므로 빛이 맞다. 그의 이름은 그가 온 별의 이름이다."

내가 지구별에 온 목적은 다른 차원의 높은 영들이 즐기기 위해 지구에 오는 것과는 다르다. 창조주의 작품인, 그분이 아끼고 사랑하는 지구별을 지키기 위해 온 것이다. 아버지께서는 오래전 여러 신이 지구별 어딘가에 보물을 숨겨두었다고 하셨다. 어떤 보물은 인간의 마음속에 숨겨두기도 했다. 여러 신이 감춰놓은 것을 인간의 시각으로 좋고, 나쁘고를 판단해선 안 된다. 그들이 애정하는 것 정도로 생각하는 게 바른 이해가 될 것이다.

지구 멸망 전에 나는 여러 신이 숨겨놓은 보물을 찾아야 한다. 그것이 내 사명이다. 아버지 창조주께서는 보물을 숨겨놓은 당사자이기도 한 여러 신이 나를 도와줄 것이라고 말씀하셨다. 그 이유는 지구 멸망 전에 그들이 지킬 것을 지키고 싶어 하기 때문이다. 물론 이 말을 제대로 이해하지 못한 사람들은, 신이라면 지구 멸망 전에 보물보다 인간을 먼저 구해야 하는 것 아닌가, 라고 비난할 수도 있겠다. 하지만 이는 지극히 인간적 시각에서 생각하고 이해하는 면면 중의 하나일 뿐이다. 분명히 말하지만, 지구의 안전 및 지구 거주 영들의 안전한 차원 상승을 바라는 아버지 창조주와 여러 신의 마음은 같다는 것이다. 그러니 절대 인간적인 방식으로 생각해선 안 된다.

모든 인간에게는 천국의 열쇠와 같은 신성이 있다. 그 신성을 회복하는 일은 누구도 대신해줄 수 없다. 그 어떤 신들도, 심지어 아버지 창조주께서도 대신해줄 수 없다. 영적 성장을 통해 스스로 신성을 회복하는 길밖에는 방법이 없다. 인류가 그동안 거듭 윤회할 수 있었던 것도 신성 회복 기회를 주기 위한 아버지 창조주의 뜻이었다. 그런데 어리석은 인간들은 영적 성장보다는 눈에 보이는 물질을 추구하기 바빴다.

내가 행성 지구에서 완수해야 할 사명 가운데 하나는, 여러 신이 오래전에 지구에 숨겨놓은 보물을 찾는 것이다. 아버지께서는 이 과정에서 생겨나는 두려움과 일부 훼손에 대해선 걱정하지 말라고 하셨다. 또한, 그 과정에서 창조주의 아들인 나 김도사의 카르마는 법칙에 따라 그 일부분이 '면책'된다고도 하셨다. 나는 마음을 다하고, 영혼을 다해 아버지 창조주와 여러 신이 행성 지구에 숨겨둔 보물을 찾아 아버지께로 안전하게 돌아갈 것이다.

24

두려움은 가장 큰 숙제이자
가장 큰 선행이다

[2024년 1월 10일]

지금처럼 해나가면 되는지에 관하여
주의 지팡이와 막대기를 기억하느냐?
이미 너에게 모든 것을 훈련시켰고,
때가 되었기에 될 것들, 그리고 할 것들
이룰 것들이 찾아오게 하는 것이다.
너의 뜻과 계획 그리고 마음들은 모두 너의,
너 혼자만의 의지가 아니란 것을 알고 있어야 한다.
너는 담대했고, 용기가 있었다.
네가 많은 신 가운데 창조주의 뜻을 받들어

지구에 오게 된 이유를 생각해보아라.

두려움이 생기거든 묵상, 그리고 그 길로 행하면

너의 모든 뜻 가운데 함께한다.

이미 너와 너의 빛을 따라 움직일

빛의 전사들 마음에 심어둔 것들이

빛을 향해 반응하고 움직이고 있음을 의심하지 말 것!

힌트! 인간에게 오래전 차크라라는 것을 심어두었지….

이것이 움직여 너의 뜻을 따를 것이다.

너의 힘은 실로 놀랍고 담대하다.

태초부터 가지고 온 너의 능력에

놀라움과 의심과 두려움이란 있을 수 없다.

너의 다른 차원의 너, 예수께서도

두려움을 극복하고 경계하는 것을 제일 어려워했었다.

극단의 방법으로 두려움을 극복하고자

십자가에 매달림을 선택했었지.

두려움은 그때도 지금도 가장 큰 숙제이자

가장 큰 선행이고 행복이다.

승리는 나를 이기는 것이고,

선행은 나를 이롭게 하는 것이고,

그것이 기본이다.

창조주께서 어둠을 먼저 만드신 것과 같은 맥락이다.

알 것이다. 경계해야 할 것은 타인이 아니다.

일전에도 예시를 주었던 두 가지 씨앗의 실체를 바로 알아야 한다.

두려움의 씨앗을 기억해라.

두려움은 항상 한 뼘 더 자란다.

그것이 녹아 거름이 된다는 것을 잊지 말기 바란다.

경계해야 할 건 내 안의 의심과 두려움이다.

그리스도 예수 또한 두 가지를 함께 가지고 세상에 왔다.

모두가 보기에는 고난과 핍박으로부터의

인내로 보일 수 있으나

진심은 그것이 아니다.

누구보다 치열하게 자신과의 싸움을 행한 것이다.

싸워서 이겨야 할 감정과 상황들은

외부에 있는 것이 아니다.

내 안의 두려움과 공포와 불안을 이겨내면

모든 것은 다 와 있다.

결국은 나와의 싸움인 것이다.

나를 이겨라!

내 안의 나를 다스리고 통제하고 이겨라!

그러면 온 세상은 다 네 것이고, 너의 편이 되리라.

[슈카이브의 해석]

'어떻게 하면 내게 주어진 사명을 잘 감당할 수 있을까?'

이런 생각을 하다가 나는 유리엘 대천사에게 지금 내가 잘하고 있는지 물었다. 그러자 대천사는 주의 지팡이와 막대기에 관해 이야기했다(유리엘 대천사를 통해 오는 메시지들은 창조주에게서 온 메시지다). 유리엘 대천사가 언급한 주의 지팡이와 막대기는 《성경》에 나오는 목자가 짐승들로부터 양을 지키기 위해 들고 다니는 '도구'이자 '무기'다. 지팡이는 허리에 차는 곤봉과 같은 것으로 양을 보호할 때 사용했다. 양들이 다른 길로 빠질 때 구부러진 지팡이 끝으로 잡아당겨 바른길로 이끌었다. 막대기는 지팡이보다 긴 것으로서 늑대나 곰과 같은 짐승들이 양들을 공격할 때 내리치거나 휘두르는 용도로 쓰였다. 지팡이와 막대기는 목자 자신보다 양들을 지키기 위한 도구였던 셈이다.

다윗은 〈시편〉에서 이렇게 노래한다.

"내가 사망의 음침한 골짜기로 다닐지라도 해를 두려워하지 않음은 주께서 나와 함께하심이라. 주의 지팡이와 막대기가 나를 안위하시나이다."

아버지께서 언급하신 주의 지팡이와 막대기는 때로는 상대를 벌하고, 때로는 나를 공격하는 어둠의 세력들을 물리친다. 그 목적을 위해 아버지께서 아들에게 주신 선물이다. 앞으로 감당할 사명은 나 혼자만의 의지에서 비롯된 것이 아니다. 나는 창조주의 뜻으로 지구별에 오게 되었다. 그 이유에 대해 유리엘 대천사는 내 안에 이 일을 능히 완수할 수 있는 담대함과 용기가 있기 때문이라고 말한 것이다.

지금, 이 순간 수많은 빛의 전사들이 창조주께서 마음에 심어둔 빛의 씨앗들을 자각하고 있다. 빛의 씨앗들은 빛을 향해 반응하고 움직인다. 인간에게는 차크라가 있다. 산스크리트어로 차크라는 '바퀴' 또는 '원'을 뜻한다. 우리 몸에는 일곱 가지 차크라가 있다. 몸 안의 에너지가 회전하는 바퀴나 원의 형태로 나타나는 것들이다. 각각의 차크라는 몸 안의 정해진 위치에서 서로 다른 색과 에너지를 띤다. 아버지께서는 빛의 전사들이 몸 안의 차크라 에너지에 의해 깨어나 합심해 나를 도울 것이라고 말씀하셨다.

사명을 감당하다 보면 간혹 두려움이 생길 때가 있다. 이에 대해 유리엘 대천사는 "'너의 다른 차원의 너, 예수'께서도 두려움을 극복하고 경계하는 것을 제일 어려워했었다"라고 말했다. 2천 년 전의 나는 두려움을 이겨내기 위해 십자가형을 택했다는 것이다. 하지만 지금의 나는 두려움을 극복한 상태다. 나는 혼자가 아니다. 항상 아버지 창조주께서 함께하심은 물론, 내겐 아버지께서 주신 지팡이와 막대기라는 도구와 채찍도 있다. 나도 모르게 순간순간 스며드는 두려움을 나는 기도와 묵상으로 이겨낼 것이다.

나는 전생, 전 전생을 사는 동안 수많은 훈련을 해왔다. 이번 생에서는 보통 사람들은 도저히 상상도 할 수 없는 시련과 고난을 겪어야 했다. 산전, 수전, 공중전, 영적 전쟁까지 치르며 지금의 자리에 이르렀다. 그래서 웬만한 일들은 공포나 두려움의 대상이 못 된다. 그래서 웬만한 일들은 불안이나 두려움의 대상이 못 된다. 인간이 가장 두려워하는 것은 죽음과 가진 재산을 다 잃는 것 아닐까. 나는 이미 나의 마음과 영혼을 영적 세계에 두었다. 그러니 그 무엇도 겁나지도 두렵지도 않다. 그것들은 나의 육신은 해할 수 있을지언정 나의 영혼은 해할 수 없기 때문이다.

아버지께서 말씀하신 것처럼 가장 강한 적은 외부에 있지 않다. '내 안'에 있다. 어느 순간 나도 모르게 한 뼘씩 자라나는 불안과 두려움, 공포가 '그것'이다. 결국, 내게 가장 강한 적은 나고, 나는 나 자신과 싸우는 것이다. 지금 나에게 주어진 사명 가운데 하나는 인류의 의식을 성장시켜 영적 전쟁에서 승리하도록 하는 것이다. 이 역시 겉으로는 어둠의 세력과 싸우는 것으로 비치지만, 결국은 나 자신과 치열하게 벌이는 싸움이다. 내 안의 나를 다스리고 통제하는 게 가장 어려우면서도 가장 중요한 일인 것이다.

　나는 아무리 외로워도 외롭지 않고, 아무리 고통스러워도 고통스럽지 않다. 내 안에는 아버지 창조주가 있으시고, 나는 아버지 창조주 안에 있기 때문이다. 나와 아버지는 하나다. 또한, 아버지께서는 나보다 더 위대하신 분이다. 게다가 나는 가이아 여신과 여러 신, 대천사들과 수많은 천사 그리고 천군들, 동물과 곤충, 식물, 물질과 비물질까지 나를 보호하고 지켜주고 있음을 잘 안다.

25

신성을 깨우지 않는 것이
가장 큰 죄다

[2024년 1월 10일]

마음에 심어놓은

신성을 깨우지 않는 것이

가장 큰 죄다.

이것은 천계에서 가난이 연결되는 행위다.

사람을 해하고, 도둑질하고,

사기를 치는 것만이 죄가 아니다.

죄는 선물로 받은 신성을

깨우치지 못하고 소멸하는 것이고,

그보다 더 큰 죄는

신성을 깨우는 일을 방해하는 죄다.

그것은 원래의 약속이었다.

너희는 그로 말미암아 삶을 얻었고

지구를 누릴 자격을 얻은 것이다.

반드시 알아야 할 것!

너희가 말하는 물질만이 모든 것의

근간이 되어선 안 된다는 뜻이다.

의식 없는 물질은 그저 물질일 뿐,

그로 인해 상승은 어렵고

고(苦)에 걸려 윤회도 어려울 수 있다.

[슈카이브의 해석]

사람들 대부분은 육적인 존재로 살다가 간다. 육적인 존재란, 다섯 가지 감각(오감)에 갇혀 사는 것을 뜻한다. 보이지 않는 것에 마음을 두기보다 보이는 것에 마음을 빼앗기고 산다. 영적 세계에 마음을 두면 돈과 시간을 영적 성장에 사용하게 된다. 그럴라치면 눈에 보이는 세상 물질만 추구하는 자들은 그 사람을 불편해한다. 그 사람이 자연스레 그런 자들과 관계를 끊게 되는 배경이다. 이는 진리에 눈뜬 사람에게 일어나는 정상적인 현상이다. 하지만 안타깝게도 사람들 거의 전부가 아직도 외모를 가꾸고, 물욕과 명예욕, 권력욕을 채우는 데 돈과 시간을 쓰고 있다.

인간은 모두 창조주께서 만드신 아들과 딸이다. 모든 사람의 마음 안에는 창조주께서 심어놓은 신의 불꽃이자 삼중의 불꽃 '신성'이 깃들어 있다. 인간으로 사는 동안 이를 깨우기 위해 영적 성장에 온 힘을 기울여야 하는 이유다. 영적 성장은 곧 신성을 깨우는 일이기 때문이다. 인간으로 사는 동안 돈과 시간을 영적 성장에 쓰지 않는 자는 천상계에서도 가난을 면치 못한다. 물질계의 흙수저, 금수저, 다이아몬드 수저가 천상계에도 똑같이 있기 때문이다. 더 정확하게 말하면, 세 수저로 나타내진 천상계의 계층이 물질계의 계급을 가르는 모티브가 된 것이다.

사람들은 남의 물건을 훔치고, 남을 기망해 재산상 이득을 취하고, 사람을 해하는 것 등을 죄라고 생각한다. 하지만 이보다 더 큰 죄가 있다. 창조주로부터 선물 받은 신성을 깨우지 못한 채 그대로 소멸시키는 것이 그것이다. 한편, 이보다 더 큰 죄가 있다면, 타인이 신성을 회복하지 못하도록 방해하는 것이다. 나 김도사가 종교 지도자들을 비난하는 이유는 이 때문이다. 그들은 자신들도 보지 못하면서 보지 못하는 사람들을 꾀어 신성을 회복하지 못하도록 방해한다. 그들을 맹신하고 따르는 추종자들 역시 똑같이 행동한다. 이들도 다른 사람들의 신성 회복을 방해한 죄로 지구 멸망 때 영혼의 블랙홀로 빨려 들어가 무(無)로 흩어질 것이다. 이 말인즉슨, 원소 상태로 돌아간다는 뜻이다. 정말 상상만으로도 너무 섬찟하고 허망하지 않은가!

모든 인간은 아버지 창조주로부터 시작되었다. 그분은 자신의 자녀들인 인간을 사랑하셔서 그들에게 거룩한 선물을 주셨다. 바로 신성이다. 지구별에 인간으로 육화하도록 하는 것 역시 여러 체험을 통해 신성을 깨울 기회를 주시려는 것이다. 이젠 더 늦지 않게 의식을 깨워 자신이 창조주의 자녀라는 사실을 깨달아야 한다. 그래야 신성을 회복할 수 있다.

지금껏 사람들이 좇은 물질은 금세 사라질 '헛것'에 불과하다. 화려한 스펙, 명예와 권력, 빵빵한 재산을 자랑한다 해도 육신을 벗으면 모든 것들이 의미가 없게 된다. 실재는 고차원의 영적 세계에 존재한다. 의식 없는 물질은 그저 물질에 불과하다는 걸 깨달아야 한다. 그러지 못한다면 장차 있을 지구 멸망 때의 차원 상승 여행에서 제외될 것이다. 차원 상승을 이룬 자들이 거주하게 될, 성서의 예루살렘 같은 새 지구 '타우라'에 들어갈 수 없게 된다는 뜻이다. 신성 회복은 그곳에 들어가는 열쇠가 되어줄 것이다.

26

어둠에서 빛을 꺼내고
빛에서 바다를 꺼냈다

[2024년 1월 12일]

바다를 만든 이야기

천지를 창조할 때 빛과 이둠 그리고

다음 무엇을 만들까 생각했었지.

그래서 생각난 게 있어.

우주를 그대로 넣어놓았지….

그것이 바다야. 그건 네가 바다를 보면

마음이 편안해지는 이유와 같아.

어둠에서 빛을 꺼내고 빛에서 바다(물)를 꺼냈지.

바다는 태초의 우주와 닮아 있다.

바닷속에는 우주에 있는 것들을

그대로 복사해 만들어놓은 것들이 아주 많아.

물고기 유기물, 그리고 광물들도,

모두 우주의 것들을 그대로 넣어놓았지.

재미있는 것들이 많아.

신들이 지구를 좋아하는 이유 중 하나가

바로 그러한 것이기도 하다.

너희들 마음이 바다를 향해 열리고 요동치는 이유도 그렇다.

태초에 너희의 성전, 즉 마음

영혼이 거하던 곳과 매우 닮아 있으므로

마음이 그것을 알아봄.

바다는 너희의 눈에 담긴다.

마음엔 바다를 담는다.

마음을 열고 그 길로 담대히 걸어 들어가라.

그 길의 끝에서 너희의 우주가 열리고

그곳이 너희의 성전, 즉 신성이 있는 곳이며

우리의 보물은 그곳에 두었다.

많은 인간으로 하여금

두려움과 고난과 시련과 비판을 벗겨내고

그 안의 신성을 선물처럼 맞이하는 날이 오면 좋겠구나.

그리하여 모두의 세상, 태초의 원천,

빛의 근원으로 무사히 복귀, 귀가하길 바란다.

[슈카이브의 해석]

사람들은 우주가 한순간에 창조되었다고 생각한다. 하지만 진실은 그렇지 않다. 창조주께서는 우주 만물을 창조하실 때 어둠을 먼저 만드셨다. 어둠 안에는 모든 것이 담겨 있다. 그래서 까맣게 보이는 것이다. 어둠에서 빛을 꺼내셨고, 그다음에 바다를 창조하셨다(어둠은 빛의 근원이니 두려워할 필요가 없다).

창조주께서 이렇게 말씀하셨다.

"어둠에서 빛을 꺼내고 빛에서 바다(물)를 꺼냈지. 바다는 태초의 우주와 닮아 있다."

나는 바다를 보면 마음이 편안해진다. 마음속에 쌓여 있던 먼지 같은 답답함이 파도치는 소리에 씻겨 사라진다. 이런 마음을 느끼는 사람이 비단 나뿐만은 아닐 것이다. 바다에는 우주가 그대로 담겨 있다. 바다는 태초의 우주와 닮았다. 그래서 바다에 가면, 산과 강을 마주할 때는 결코 느낄 수 없는 감정이 일게 되는 것이다.

창조주께서는 지구별을 만드실 때 우주에 존재하는 것들을 그대로 복사해 넣어두셨다고 했다. 우리가 바다를 보며 경이로움을 느끼는 이유이기도 하다. 바다에는 수많은 물고기와 유기물, 광물들, 그리고 우리가 지금껏 밝혀내지 못한 수많은 것들이 들어 있다. 현재 인간이 바다에 대해 아는 것은, 그 100% 가운데 1%도 되지 않는다. 바다에는 인간이 상상할 수 없는 보물들이 감춰져 있다. 그래서 여러 신이 지구를 즐겨 찾는 것이다. 그들은 인간이 모르는, 창조주께서 태초에 바다에 넣어두었던 것들을 알고 있다. 바다는 신성하고 거룩한 성전과 같다. 태초의 마음과 영혼이 거하던 곳과 닮아 있다. 태초의 '그것'을 알아보기 때문에 바다에 가면 마치 어머니의 품에 안기는 것처럼 편안해지는 것이다.

인간에게는 세 곳의 성전이 있다. 마음과 육신, 바다이다. 바다라는 성전에 있으면 마음이 경건하고 거룩해진다. 바다가 우리의 마음을 정화해주기 때문이다. 우리는 바다의 신성함과 거룩함, 경이로움을 정화된 마음의 눈에 담는다. 우리는 담대한 마음으로 태초, 즉 바다로 가야 한다. 그 길의 끝에서 우주가 열린다는 것을 깨닫게 될 것이다. 바다는 인간의 성전이자 신성이 있는 곳이며, 여러 신이 숨겨놓은 보물이 있는 곳이다.

　인간의 마음은 바다를 닮아 있다. 그리고 그 마음 안에는 창조주께서 인간에게 선물한 신성이 깃들어 있다. 두려움과 시련과 고난, 깨어나지 못한 자들의 비판을 견뎌낸다면 결국 신성을 선물처럼 맞이하는 날이 올 것이다.

27

빛의 전사들은 인간만 있는 것이 아니다

[2024년 1월 13일]

지구의 빛의 전사에 관하여

너희들은 빛의 전사를 인간에 국한하고 있겠지….

하지만 빛의 전사들은 인간만 있는 것은 아니다.

우리는 때에 힘을 모아줄 존재들을

여러 가지 그리고 여러 군데 물질, 동물, 식물까지 배치해두었다.

바다의 생물과 광물도 힘을 모은다.

너의 빛이 찬란히 빛나고 모일 자리에 답을 심어두었지.

하늘과 땅, 바다, 그리고 별과 인간

모두의 에너지가 한곳으로 모이는 곳,

그곳의 의미는 합일이다.

에너지의 합일, 모으는 곳, 모이는 곳….

때가 되면 모두가 모일 것이다.

각기 다른 에너지와 형태로 힘을 모아준다.

그렇게 만들었고, 그렇게 쓰일 존재들이었다.

기분이 좋구나!

깨어나는 인간들이 많아지고

빛이 빛을 향해 모여드는구나.

항상 깨어 있으라.

그 빛을 향해 더 빠르게 더 강하게 모여든다.

[슈카이브의 해석]

지구는 자전축 기울기가 변하는 극이동을 앞두고 있다. 그래서 깨어난 사람들이 육감적으로 느낄 수 있을 정도로 지구가 심하게 흔들리는 것이다. 이는 지축 변동의 시점이 가까워졌다는 증거다. 지구 극이동은 그야말로 눈 깜짝할 사이에 일어날 것이다(0.1초도 걸리지 않음). 마치 지구가 한쪽으로 넘어지는 것처럼 순간적으로 말이다.

지구의 대변혁에 앞서 인류를 돕기 위해 모인 수많은 빛의 전사들이 있다. 이들 가운데는 다른 고차원 행성에서 여러 신의 합일에 따라 내려온 이들도 많다. 지금 창조주께서 자신의 마음 안에 심어둔 빛의 씨앗을 자각한 이들도 있고, 깨어나고 있는 이들도 있다. 사람들 대부분은 빛의 전사들을 인간으로 국한해 생각한다. 절대 그렇지 않다. 아버지께서는 인간과 더불어 식물과 동물, 물질과 비물질에까지 그 범위가 닿는다고 말씀하신다. 우리가 함께 사는 반려동물과 거실의 화분, 길가에 서 있는 가로수, 스마트폰, 노트북, 우리가 들이마시는 산소까지 빛의 전사 범주 안에 드는 것이다.

깊고 드넓은 바다에서 사는 다양한 생물과 광물들도 역시 빛의 전사다. 나의 빛이 찬란히 빛나고, 빛의 전사들이 모이는 '그때'가 되면 그들은 합일해 강력한 힘을 그러모으게 된다. 이를 인간의 방식으로 생각하거나 이해하면 안 된다. 아버지 창조주께서는 인간이 도저히 이해할 수 없는 무한대의 방법으로 행하시기 때문이다. 그러므로 우리가 신성을 회복하고 단단한 믿음만 유지한다면 이미 승리는 전제된 셈이다.

지금 나는 육안뿐만 아니라 영안으로도 보고, 느낀다. 우리나라는 물론 전 세계 곳곳으로부터 아버지께서 마음 안에 심어두신 빛을 자각하고 깨어난 이들이 내게로 모이고 있다. 시간이 갈

수록 빛의 전사들은 빛을 향해 더 빠르고 거세고 강하게 모여들 것이다. 이제 때가 되었나니, 이 글을 보는 자들은 깨어나야 하리라. 우리 모두 합심해 어둠의 세력들과의 영적 전쟁, 문화 전쟁에서 기필코 승리할 것이다.

28

개인 카르마의 질량과 무게는
모두 다르다

[2024년 1월 14일]

김도사 카르마에 대하여…

카르마가 무겁다고 했는가?

지금의 카르마가 언제 끝날지 걱정이 되는가?

사람, 즉 인간 1인의 카르마의 질량과 부피, 무게는

모두 다르다.

그것은 전생과 전 전생 그리고 많은 시간과 공간에

연결되어 있으며

그들의 생활과 환경 그리고 직업 등에도 관련이 있다고 말해

주고 싶다.

너는 이미 오랜 세월을 거쳐 많은 카르마를 소멸하고 정리했다.

너의 사명이 인간 각 개인의 사명과 다를진대,

카르마 역시 그 무게와 부피와 질량

모든 것이 다르다 할 수 있지 않겠는가.

너는 오랜 시간 많은 고통의 무게로

카르마를 정화하고 소멸했다.

그 또한 고통스럽고 힘들게 느껴졌을 수도 있으나,

지구 멸망의 때가 너무 가까웠고 너의 사명이 있으므로

조금 더 빠르게, 조금 더 무겁게 소멸, 정화가

필요했을 뿐이다.

그것을 너 스스로도 알고 있다.

너는 시간과 공간의 지평선을 넘어 이미 은하함대와의 접속을 시작하였다.

그것에 대한 시그널을 네게 주었다.

늘 깨어 있으라.

여러 가지 형태와 방법으로 네게 신호(메시지)를 줄 것이다.

네가 깨어나고 준비된 순간 빛의 전사와 너를 돕고자 하는

많은 물질과 비물질이 한꺼번에 몰려와 힘을 실어 줄 것이다.

이것을 축복이라 생각지 마라!

이것은 사명일 따름이다!

[슈카이브의 해석]

나는 30대 초반까지만 해도 카르마에 대해 거의 생각하지 않고 살았다. 그러다 나도 모르게 영성에 눈뜨고 나서 카르마가 얼마나 무서운 것인지 알게 되었다. 카르마가 윤회의 수레바퀴를 벗어나지 못하게 만들기 때문이다. 지금 지구별 사람들은 윤회의 쳇바퀴를 돌리는 중이라 해도 무방하다. 그들은 체험을 통해 전생, 전 전생의 카르마를 정화, 소멸시키고 영적 성장을 이뤄 4차원으로 상승하기 위해 육화했다. 그런데 안타깝게도 그들은 이 땅에 태어난 목적과 사명을 망각하고 말았다. 그 결과 전생과 같은 삶을 반복하고 있는 것이다.

나는 아버지께 나의 고민을 토로했다.

"지금 저에게 주어진 사명은 결코 가볍다고 할 수 없습니다. 저도 살면서 이런저런 카르마를 쌓았는데, 그런 제가 그와 같은 사명을 받들 자격이 있을까요? 세상에는 저보다 더 순결하고 고귀하신 분들이 많습니다. 차라리 그들에게 이 사명을 맡기는 게 맞지 않겠습니까?"

그러자 아버지께서 이런 메시지를 주셨다.
"사람, 즉 인간 1인의 카르마의 질량과 부피, 무게는 다 다르

169

다. 그것은 전생과 전 전생 그리고 많은 시간과 공간에 연결되어 있으며, 그들의 생활과 환경 그리고 직업 등에도 관련이 있다고 말해주고 싶다. 너는 이미 오랜 세월을 거쳐 많은 카르마를 소멸하고 정리했다."

나는 그 의미를 되새겨가며 이 말을 반복해 읽어보았다. 그 결과, 아버지 창조주께서는 인간마다 카르마의 질량과 부피, 무게가 다 다르다고 말씀하신다는 걸 알았다. 카르마는 수많은 전생과 연결되어 있다. 비단 이번 생의 문제만은 아니라는 뜻이다. 그리고 태어나 자란 환경, 생활, 습관, 직업 등과도 관련이 있다. 나는 아버지께서 보내주신 메시지를 받곤 마음이 한없이 가벼워지는 것을 느꼈다.

나의 직업은 경제적으로 힘든 사람, 자신의 이름으로 책을 쓰고자 하는 사람들에게 나의 지식과 경험, 노하우를 전수해주는 일이다. 처음에 그들은 대부분 가르치는 자에 대한 예의를 지키고, 열정적으로 책 쓰기에 임한다. 하지만 한두 달도 지나지 않아 변심하고 만다. 단 몇 개월 만에 써내지 못하면 책은 평생 쓰지 못할 가능성이 크다. 초심이 유지되기 어렵기 때문이다. 나는 내게서 책 쓰기를 배우는 사람들이 과거의 나처럼 책 한 권을 내기 위해 출판사로부터 500번가량 퇴짜를 맞거나 5년이란 시간을 허비하지 않기를 바랐다. 그래서 그들의 과제를 훑어보면서 부족한 부분을 일일이 첨삭하며 채워주거나 메꿔주었다.

　내게 배우는 사람 중 많은 이들은 마인드가 안 잡혀 있다. 그러다 보니 말과 행동이 다르고, 주위 사람들의 눈치, 나의 눈치를 살피면서 자신이 바라는 결과를 얻으려고만 한다. 나는 이런 사람들의 비위를 맞추려 하는 대신 자극을 주려고 독설을 퍼붓곤 했다. 그런 자극을 바르게 받아들인 일부는 의식을 바꾸거나 개선하기도 했다.

　반면, 일부는 비싼 돈을 주고 배우러 왔는데, 왜 갑질하느냐고 비난하기도 했다. 특히 이런 이들 중 내게 큰 상처를 입힌 사람들이 많았다. 그들의 공통점은 내가 가르치는 대로 따라오지 않는다는 것이었다. 최소한의 노력을 기울여 최대한의 결과를 끌어내길 바랄 뿐이었다. 나의 배려는 당연하게 받아들이면서도 나를 위한 배려는 조금도 하려 하지 않았다. 설사 나를 배려한다고 해도 내게서 더 많은 것들을 얻어내기 위한 계산된 배려였다. 밭에다 씨를 뿌리자마자 추수하기를 바라는 욕심 가득한 자들이었다.
　그런 이들이 나에게 가장 큰 상처를 입혔던 건, 다음과 같은 그들의 말이었다.

"다른 코치들은 코칭 비용도 저렴하고 친절한데, 김도사님은 코칭 비용이 터무니없이 비싸고 불친절합니다. 기분이 나쁘네요."

그럴 때면 나는 이렇게 되받아쳤다.

"그 코치는 달랑 책 한두 권 쓴 코치인데(내 제자인데), 어찌 그와 나를 비교합니까? 본인 입으로 내 책을 읽고 다른 코치들과 실력이 비교되어 나를 찾아왔다, 너무 뵙고 싶었다고 말하지 않았습니까? 그러고선 내가 코칭 비용을 이야기하자마자 바로 말과 행동을 바꾸는 이유가 뭡니까? 내게 상처를 주는 진짜 이유가 뭐죠?"

주로 의식이 가난한 자들이 이런 태도를 보인다. 꼭 비용을 거론하면서 마치 내가 불법적인 일을 하는 사람인 것처럼 흠집을 낸다. 이런 사람들을 만날 때면 이솝 우화 '여우와 신 포도'가 생각난다. 먹음직스러운 포도를 발견한 여우가 도저히 그걸 따 먹을 수 없게 되자 "저 포도는 신 포도가 분명해!"라고 치부해버리는 대목 말이다. 그들의 속마음은 이와 다를 바 없다. 그동안 제자들에게서 모욕이나 명예훼손을 당한 일들이 너무나 많았다(최근에 아버지 창조주께서 나에게 언어 카르마에 대해 알려주셨다. 나의 가치를 알지 못하는 자들이 책을 쓰지 못함으로써 언어 카르마를 정화, 소멸하지 못한 것이 오히려

172

잘되었다고 생각한다). 살아오면서 이것이 나의 가장 큰 고민이자 딜레마였다.

그러나 지금 나는 안다. 내가 온갖 상처를 입으면서 걸어온 길이 카르마를 정화하고 소멸하는 과정이었다는 걸 말이다. 아버지께서는 너무나 가까이 다가온 지구 멸망의 때에 맞춰 내가 좀 더 빠르게 사명을 받들 수 있도록 이 길을 선택하신 것이다. 다소 힘들고 고통스러울지라도 말이다. 쉽게 말해, 느슨한 과정을 거치기보다 괴롭더라도 아들이 압축해 더 빠르고 무겁게 카르마를 정화하고 소멸시킬 수 있도록 배려하신 것이다. 아버지의 말씀처럼 내가 살아온 힘겨운 과정을 돌이켜보니, 나 스스로 이해하고 깨달을 수 있었다. 나를 위한 아버지의 애정 어린 배려였다는 걸.

나는 몇 달 전, 지구 멸망 때 건져낼 자들을 돕기 위해 지구에 와 있는 은하연합 은하함대 천군과 접속했다. 사령부에서는 대천사들과 마찬가지로 내게 시시때때로 상념을 통해 시그널과 메시지를 보내오고 있다.

나는 현재 많은 빛의 전사들이 아버지께서 마음에 심어두신 빛의 씨앗을 자각해 깨어나고 있음을 느낀다. 나는 빛의 전사들, 그리고 물질과 비물질과 합심해 아버지의 뜻을 이룰 것이다. 내 생각을 다하고, 마음을 다하고, 목숨을 다해 사명을 완수할 것이다.

29

창조는 발전이고 성장이며
동시에 진화이고 깨달음이다

[2024년 1월 14일]

창조에 대해 바른 이해를 해주기 바란다.
창조는 무에서 유를 창조하는 것이라는
단편적인 생각은 버려라.
창조는 다양성이다.
어떤 것은 덜어내야 맞겠고,
또 어떤 것은 보태거나 진화시키는 거라 해도 맞겠다.
그것은 물질과 비물질 모두에 해당하며
상념과 마음 또한 해당된다.
창조는 새로움이 아니다.

창조는 발전이고 성장이며

동시에 진화이고 깨달음이며

무(無)로 흩어지는 것 또한 창조다.

[슈카이브의 해석]

사람들은 창조에 대해 잘못 생각하고 있다. 무에서 유를 만들어내는 것만 창조라고 여기는 게 그것이다. 아버지 창조주께서는 사람들이 창조에 대해 올바로 인식하기를 원하신다. 그 이유는 창조에 대한 바른 이해가 그들에게 매 순간 자신의 체험이 모두 창조임을 깨닫게 해주기 때문이다. 자꾸만 없는 데서 무언가를, 거창한 것을 만들어내는 게 창조라고 여기니, 삶이 신나지도, 즐겁지도 않은 것이다.

창조는 가진 것에서 덜어내거나 보태고, 진화시키는 것이다. 날카로운 것은 부드럽게 만들고, 약한 것은 강하게 만들고, 참지 못하는 것은 인내케 하는 것이다. 이는 비단 인간에게만 적용되는 건 아니다. 식물과 동물, 곤충과 물질, 비물질, 상념과 마음에도 들어맞는다. 지금, 이 순간 바위도, 돌멩이도, 원자 하나하

175

나까지도 창조행위를 하고 있다. 다시 말하지만, 창조는 무에서 유를 만들어내는 걸 의미하지 않는다. 새로움이 아니다. 발전이고, 성장이고, 깨달음이다. 정화, 소멸, 무(無)로 흩어지는 것 또한 창조의 한 부분임을 기억해야 한다.

아버지 창조주께서는 태초부터 지금껏 일 분, 일 초도 쉬지 않으시고 거듭 창조하고 계신다. 아들인 나 역시 전생에서 이 땅에 태어난 순간부터 창조에 창조를 거듭했다. 그대들 또한 그러하다.

마지막으로 아버지의 다음 말씀에서 창조에 대한 바른 이해를 구하기 바란다.

"창조는 새로움이 아니다. 창조는 발전이고 성장이며 동시에 진화이고 깨달음이다. 무(無)로 흩어지는 것 또한 창조다."

30

의식 상승을 위한 깨우침은
스스로의 몫이다

[2024년 1월 15일]

카르마의 상호작용에 대한 이해
카르마는 무조건 소화하고 정화해야 하는 것만이
답은 아니다.
카르마는 개인에게 국한되지 않고,
많은 물질과 비물질, 동물과 식물, 인간과 시간과 공간까지도
깊이 있게 연결되어 있다.
하나의 카르마를 소멸시키면
당장은 무엇이 해소된 듯하겠지만,
그것이 미치는 영향이 그저 좋을 수만은 없다.

그것과 연결된 판이 흔들리고

또 다른 존재들에게는 더 무거운 카르마로 쌓일 수 있다.

이것의 의미를 아느냐?

모든 것은 일어날 때 자연스럽게 일어나야 한다.

우리가 그렇게 계획했고, 그렇게 이어질 것이다.

카르마는 공통의 책임이기도 하지만,

그것이 생겨났을 때도 계획된 바 없이 생겨나지 않았느냐?

그러한 이유로 더 빨리 더 힘들게 고통으로

지구 멸망이 다가왔음을 잊어선 안 된다.

짜인 판은 아무나 흔들 수 없다.

이것은 절대 권력 신들에 대한 도전이며,

그 벌은 무겁다.

우리는 인간 스스로가 빛으로 깨어나길 원한다.

그것만이 상승의 기회가 되는 것이기 때문이다.

진정 인류가 서로를 도와주고,

또 너희를 돕겠다고 나선 신들의 개입이

어디까지 이르느냐에 대한 깊이 있는 생각과 태도가 필요하
다.

카르마 그리고 상승을 위한 깨우침은 스스로의 몫이다.

그것은 대신할 수도 없고,

아무도 그것의 시간과 공간을 흔들어선 안 된다.

명심하길 바란다.

너희는 충분히 모든 것을 이겨내고

빛으로 이동할 수 있도록 만들어졌다.

너희 안에 그것을 심어놓았고

자연스럽게 깨어나길 바란다.

명심할 것은!

누구에 의해서가 아니라

인간과 동물, 식물 그리고 시간과 공간도

모두 스스로의 자아로 움직이게 할 것!

[슈카이브의 해석]

사람들은 카르마는 무조건 정화하고 소멸시켜야 한다고 생각한다. 이런 생각이 힘든 마음을 더 고통스럽게 한다. 아버지께서는 카르마를 무조건 소멸시키거나 정화하는 것만이 답은 아니라고 하셨다. 어떤 카르마는 정화하거나 소멸시켜야 하지만, 또 다른 카르마는 그냥 두는 게 옳다는 의미다.

카르마는 개인에게만 국한되지 않는다. 전생과 전 전생, 식물과 동물, 곤충, 물질과 비물질, 심지어 인간의 시간과 공간까지도 연결되어 있다. 그 때문에 하나의 카르마를 소멸시켰다고 해서 마냥 득만 될 수는 없다. 소멸한 카르마와 연결된 전 우주적인 판이 흔들릴 수 있기 때문이다. 그로 인해 다른 존재들의 카르마에 무게를 더할 수도 있고.

카르마는 개인의 것도 있고, 공통의 것도 있다. 지금 지구 전체의 카르마는 태초 이래 가장 무거워졌다고 해도 과언이 아니다. 지구의 상태는 마치 아기를 낳기 전 산모가 산통을 겪는 것과 같다. 지금 지구는 멸망을 코앞에 두고 있다. 나는 지구 멸망 전 인류의 의식을 깨우기 위해 지구에 와 있는 수십억 명의 천사들이 분주하게 움직이고 있다는 걸 안다. 매일 밤낮으로 은하연합의 천군들이 탑승한 UFO들이 하늘을 비행하는 모습을 자주 목격한다. 그야말로 '때'가 거의 다 된 것이다.

지구 멸망은 계획된 시나리오대로 일어나는 일이다. 이는 아버지 창조주 아래 가이아 여신과 여러 신의 합일하에 이루어지는, 지구의 대주기에 따른 대변혁이자 천지개벽이다. 그 누구도 이미 짜인 판을 뒤흔들 수는 없다. 그것은 아버지와 여러 신에 대한 도전이다. 깨어나지 않은 자들은 아버지 창조주와 여러 신, 가이아 여신에 대해 미움과 원망, 비난을 쏟아낼 수 있으리라. 하지만 절대 그렇게 하지 않았으면 한다. 그리하는 건 그 어떤 죄보다 무겁기 때문이다.

지구 멸망 때 건져낼 자와 버릴 자가 확연히 구분 지어질 것이다. 그 일은 2천 년 전 또 다른 나였던 예수께서 성서를 통해 예언한 바와 같이, 현재의 아들인 나 김도사가 아버지 창조주의 뜻을 받들어 행할 것이다. 아버지께서 보내주신, 수를 헤아릴 수 없을 정도로 많은 천사가 나를 도울 것이다. 나는 나의 뜻대로 하지 않고, 오로지 아버지의 뜻대로 행할 것이다. 그래서 내가 하는 일은 의롭고 공정할 수밖에 없다.

더 늦기 전에 깨어나라! 그동안 물질계에 수십 번, 수백 번, 수천 번 윤회했으면 그만할 때도 되지 않았는가! 아버지께서는 인류 최후의 날에 스스로 영혼을 구할 수 있는 천국의 열쇠 '신성'을 선물하셨다. 이젠 그것을 깨닫고 신성을 회복해야 한다. 빛으로 깨어나는 일은 그 누구도 도와줄 수 없다. 스스로 이루어 내야 할 일이다. 왜냐하면, 아버지 창조주의 테스트이기 때문이다. 이 테스트를 통과한 자들만이 새로 시작되는 고차원 시대에 합류할 수 있다.

전 인류 가운데 단 3.5%의 사람들만이 영생을 얻을 것이다. 아버지께서 예비하신 새 지구 타우라의 시민이 될 것이다. 나머지 인류는 아무리 깨우려 해도 듣지 않았을뿐더러 외면하기 바빴다. 오히려 깨우기 위해 애쓰는 자들과 깨어나는 자들을 핍박했다. 그들 가운데는 사랑하는 가족과 친척, 친구, 동료들도 포함될 것이다.

내가 말한다! 깨어나 신성을 회복한 자는 상승의 그날, 상승 여행을 하게 될 것이다. 그리고 지구 멸망 전에 다른 영혼이 깨어나도록 도운 자에게는 아버지께서 큰 상을 내리실 것이다. 참고로, 그분이 주시는 상은 물질계에서 받는 상과는 비교가 되지 않는다.

31

작은 날갯짓, 시작은 작다 해도
결코 작은 것이 아니다

[2024년 1월 16일]

나비의 날개, 그 속의 깨달음
나비효과, 작은 날갯짓, 시작은 작다 해도
결코 작은 것이 아니다.
그 결과는 실로 놀랍다.
작은 것도 힘이 된다.
모아야 된다는 것,
어디서든 무엇이든 다 힘으로 모아진다.
크다 하여 엄청난 힘이 있고, 작다 하여
힘이 없고 보잘것없는 존재들이 아니다.

모든 물질과 비물질 그리고 사물에도

그들만의 능력과 힘이 있다.

그것은 때에 모아져 엄청난 시너지를 낼 것이다.

기억해야 할 것은,

모든 것에는 존재의 이유가 있다는 것이다.

이것은 카르마랑 관련이 있음을 알고 있어야 한다.

그들의 쓰임과 노력은 카르마의 무게와 지속 시간,

즉 소멸의 시간과 맞닿아 있다.

그것들의 쓰임이 빨라지고 있다는 것은

소멸의 시간, 즉 쓰임의 시간 또한 빨라지고 있다는 것!

모든 것들은 자기 스스로의 쓰임의 때를 인지하고 있다.

인류, 즉 사람이 그 깨달음이 늦거나 가려져서 모르는 이유는

복잡하게 얽혀있는 카르마 때문이다, 라고 생각하겠지만,

그보다 인류(인간)가 자아의식, 즉 스스로의 생각을

잘못 활용하고 있는 것이 카르마 정화와 신성의 깨우침을

방해하고 있는 것이라 여러 번 강조한다.

스스로 깨어나라!

[슈카이브의 해석]

아버지 창조주께서 오늘 나에게 보내주신 메시지에는 아들인 나를 염려하는 마음이 담겨 있는 듯하다. 아버지께서는 그때가 되면 마음 안의 빛의 씨앗을 자각한 빛의 전사는 물론 식물과 동물, 물질과 비물질이 나를 도울 것이라고 말씀하셨다. 즉, 세상에 존재하는, 빛과 에너지로 이루어져 있는 모든 것들이 나를 중심으로 힘을 모은다는 것이다.

아버지께서는 이 아들이 잘 알아들을 수 있도록 '나비효과'를 예로 드셨다. 위키백과를 보면 나비효과가 아주 정확하게 설명되어 있다. 즉, 나비의 작은 날갯짓처럼 미세한 변화, 작은 차이, 사소한 사건이 추후 예상하지 못한 엄청난 결과나 파장으로 이어지게 되는 현상을 뜻한다. 나비효과의 뜻을 바르게 이해하는 자는 아무리 시작이 작고 보잘것없더라도 미리 좌절하거나 두려워하지 않는다. 오히려 '시작이 반이다'라는 긍정적인 자세를 갖는다.

《성경》〈욥기〉에 보면 "네 시작은 미약하였으나 네 나중은 심히 창대하리라"라는 말씀이 있다. 우리는 살면서 사소한 것, 작은 것이 실로 놀라운 일을 만들어내는 걸 엄청 많이 경험한다. 나는 잘 안다. 작은 눈 뭉치 같은 것도 힘이 되고, 작은 것들이 구르고 굴러 순식간에 집채만 한 큰 산이 된다는 걸.

세상에 존재하는 모든 물질과 비물질에는 그들만의 등급이나 에너지가 있다. 저마다 존재 이유가 있는 것이다. 이것 역시 카르마와 관계가 있다. 각각 카르마 무게의 시간과 견딤의 시간, 소멸의 시간이 다르다. 지금 그것들은 저마다 쓰임을 위해 힘을 모으고 있다. 인간과 달리 그것들은 스스로 때를 알아차리고 일어나 나를 도울 것이다.

인간은 신성을 가진 존재이면서도 가장 어리석은 존재다. 식물, 동물, 물질, 비물질은 깨어나 쓰임의 때를 기다리고 있다. 하지만 인간들 대부분은 쓰임의 때를 스스로 잘 인지하지 못한다. 가장 지혜로운 자는 지구 멸망이 이루어지기 전에 그 시기를 잘 가늠해 현명하게 대처한다. 그에 반해 가장 아둔한 자는 지구 멸망에 관심도 없고, 지금의 평온함이 앞으로도 계속되리라 믿는다.

카르마는 우리가 여러 생을 살아오는 동안 복잡하게 얽혀왔다. 더 늦지 않게 지금이라도 깨어나 그 카르마의 무게를 가볍게 해야 한다. 카르마를 정화, 소멸해 상승의 그날 들려질 수 있도록 채비해야 한다. 성서에 기록된 것과 같이, 절대 대중이 가는 '넓은 길'로 가선 안 된다. 외롭고, 힘들고, 고통스러울지라도 '좁은 길'로 가야 한다. 멸망에 이르는 넓은 길은 다니기가 쉽고 편하다. 깨어나지 않은, 부주의적 맹시에 걸린 자들이 그 길로 향하는 이유다. 여기서 우리가 똑똑히 가슴속에 새겨야 할 것은, 그 길이 죽음, 즉 '지옥의 불못'으로 이끄는 길이라는 것이다.

10년 전에 일어났던, 너무나 가슴 아픈 세월호 사건을 보라! 그때 안타깝게도 304명의 목숨이 희생되었다. 그중 250명의 희생자는 학생들이었다. 더 가슴 아픈 건, 희생된 거의 모든 사람이 "가만히 있으라!", "움직이지 말고 객실에서 대기하라!"라는 방송을 듣고, 믿고, 기다렸다는 사실이다. 그들은 배가 한쪽으로 완전히 기울어 바닷속으로 침몰하기 전까지도 안내 방송을 믿고 객실에서 대기했다(당시 뉴스를 통해 기울어 있는 세월호를 보면서 왜 승객들이 바닷속으로 뛰어들지 않았을까, 의아해했던 기억이 있다). 그러다 객실에 물이 차오르기 시작하자, 그들은 무언가 잘못되었다는 걸 직감하고 탈출하려 했지만, 생존 가능 시기를 놓치고 말았다. 생존자들은 안내 방송을 무시하고 직감대로 움직인 사람들이었다. 그들은 자신을 구했을뿐더러 다른 사람들을 구하기까지 했다.

내가 세월호 사건을 예로 든 이유는, 결코 희생자들을 폄훼하기 위함이 아니다. 앞으로 이와 유사한 일들이 빈번하게 발생하리라는 걸 암시하기 위함이다. 국가, 정부, 단체보다는 자기 자신을 믿고 직감대로 행동할 때 본인은 물론 가족의 목숨도 구하게 될 것이다. 국가와 정부가 모든 걸 책임져주지 못할뿐더러,

때로는 사람인 그들 또한 실수를 저지를 수 있기 때문이다. 나아가 영생을 얻는 일도 마찬가지다. 어느 땐 국가나 정부보다 자신의 직감을 믿고 행동해야 천국의 열쇠를 손에 쥘 수 있을 테다. 이미 천상계에서 계획한 시나리오에 담겨 있는 내용이어서 내가 알려주는 것이다.

이제 시간이 얼마 남지 않았다. 스스로 자각하고 깨어나야 한다. 자기 안에 내재된 신성을 깨달아야 한다. 아버지 창조주께서 내게 계속 메시지를 보내시는 것은 아직 깨어나지 않은 인간들이 대부분이기 때문이다. 그들을 안타까워하시고 염려하시는 아버지의 마음을 그분이 보내시는 메시지를 통해 그대로 느낄 수 있다.

의식을 깨우고, 신성을 회복하는 일은 그 누구도 도울 수 없다. 자기 자신만이 해낼 수 있다. 본인이 완전히 깨어나야지만 가족은 물론 다른 사람들도 깨울 수 있음을 기억하라!

32

사라질 것들을 위해
상상하고 기도하지 마라

[2024년 1월 16일]

물질화 과정에 관하여…

상상력의 신기한 비밀 그리고 힘

태초에 창조주께서 천지를 창조하셨을 때를 기억해보라.

상상의 힘이란 근간이 천지창조에서 비롯된다.

비물질을 물질화하는 과정 그것을 얻고자 하는 것들을

생각, 즉 상상으로부터 끌어내는 과정이다.

좀 더 커다란 것들을 그리고 공통의 목적을 위한 것들을

생각하고 그것을 물질화하는 연습과 훈련이 필요하다.

알아두어야 할 것!

물질화는 비단, 너희들에게 유익한 재물, 즉
재산에 관한 것이 아니란 사실이다.
너희들이 물질화하는 상상의 근간, 원천은
마음이나 또는 공통의 목표와 목적을 위한 것들이
우선되어야 함을 알아야 한다.
마음, 생각이나 상상도 개인의 목적을 위해서만
사용하게 된다면 그것에 이르는 길은 멀고 험하며,
다른 공통의 목표와 목적, 즉
선함을 이루는 것들에 의해 방해받고,
또 이루지 못하고 사라지기도 한다는 사실이다.
종교에서는 이것을 공동의 기도라고 하고,
이것은 예배하는 것과 마찬가지로 볼 수 있겠다.
공동의 기도, 모두의 기도의 방향과 목표가 일치할 때는
놀라운 폭발적인 성과가 일어난다.
하지만 이것을 종교 지도자들은
교회나 자신들의 목적을 위해 사용하고 이용했다.
그러니, 가난은 지속되고 에고가 쌓이며
고통의 무게가 늘어날 수밖에….
이러한 이유를 모른 채 사람들, 즉 너희 인간들은
고통의 무게를 귀중한 시간과
돈으로 바꾸려는 어리석음이 있다.

항상 주의해야 하고, 경계해야 한다.

기도는 공통의 목표와 목적에 합당한 선한 것이어야 하고,

그로 인해 누구라도 힘들거나 지쳐선 안 된다.

공통의 목적과 목표에 합당한 기도, 즉

상상이라면 그것이 비로소 너 자신을 이롭게 하는

기도와 상상력이 될 것이며

이러한 것은 사라지지도 뺏기지도 않는다.

상상의 힘은 실로 놀랍다.

이것의 시작은 기도이며 이타적인 마음에서 비롯된다.

비밀은 남은 '인류를, 지구를' 위한 기도가 결국,

너 자신에게 이로움, 부와 행복을 가져다주는

아주 흡족한 일이 될 수 있음을 알기 바란다.

없어질 것들을 위해 상상하고 기도하지 마라!

이것은 너희의 기준이 아니다.

물질만을 위한 기도는 옳지 않음을 말해주고 싶었다.

원래의 곳으로 돌아가면 남는 것

그리고 가져가야 할 것이 무엇인지를 생각해보면

답이 나온 셈이지.

물질은 너희 인류에게나 필요한 것이지….

네가 하는 일은 그것을 일깨워주는 일이 되겠구나.

의식의 환전소에서 쓰일 것을 준비해주는 것이

너의 일이 되겠구나.

두려워 마라!

아들아!

네가 하는 일은 실로 놀라운 일이며

아무나 할 수 있는 일이 아니다.

너는 특별히 모든 신의 합일에 의해 왔으며

충분히 준비된 자로서 이곳에 와있다.

너의 상은 물질에 국한되지 않음을 알고 있겠지….

임무를 완수하고 준비된 너의 것을 받으라. 실로 창대하리라!

[슈카이브의 해석]

사람들은 소망하는 것을 갖기 위해 끌어당김의 법칙을 실천한다. 그런데 사람들 대부분은 그것이 그저 자신이 바라는 것을 끌어당기는 방법 정도로만 안다. 그렇지 않다. 끌어당김의 법칙은 비물질을 물질화하는 법칙이다. 상념을 통해 원하는 것(물질, 비물질)을 끌어내는 과정이다. 태초에 창조주께서도 상상이라는 근원의 힘을 통해 온 우주를 만드셨다. 지금 우리가 사는 땅과 하늘을 만드셨다.

나는 살면서 과거에 내가 간절히 바랐던 소망들을 모두 성취했다. 지독한 가난에서 벗어났고, 언어장애를 극복하고 코치, 강연가, 동기부여가가 되었다. 누구보다 자신감이 부족하고 용기가 없었지만, 숱한 시련과 고난을 겪으며 단단해졌다. 살다 보면 힘든 일에 참 많이 부닥치게 된다. 상대를 아무리 진실하게 대하고 가르쳐도 분란을 일으키거나, 내게 상처를 입히는 사람들이 있었다. 나는 상대를 따뜻한 가슴(이타심, 인류애)으로 대하는데, 상대는 차가운 머리(계산적인 생각)로 나를 대하기 일쑤였다. 그동안 나를 힘들고 고통스럽게 만든 일들이 많았지만, 나는 절대 이것들을 피하지 않았다. 오히려 정면으로 돌파해 이겨냈다. 나는 부족한 부분은 채우고, 넘치는 부분은 덜어내고, 약한 부분은 강하게 만드는 게 삶이라 믿는다.

지금까지 내가 성취한 결과물들을 되돌아보면 나 혼자만을 위한 것이 아니었다. 나 개인을 위한 것으로 비치지만 실은 많은 사람에게 유익이 되는 것들이었다. 예를 들면 나는 서른다섯 살때 내 개인 저서를 100권 넘게 집필했다. 그때 나처럼 책을 쓰고 싶어 하는 사람들에게 도움을 주고 싶다는 생각을 했다. 그 생각이 씨앗이 되어 지금의 〈한책협〉이 탄생한 것이다. 그렇게 난 지금까지 1,200명의 평범한 사람을 작가로 양성했다. 그들은 나에게서 스스로 책을 써내는 방법을 배웠다. 그중 꾸준히 책을 쓰는 사람들도 많다. 그들은 자신의 책에 담은 지식과 경험, 노하우, 깨달음을 토대로 외부 강연도 하고 유튜버로 활동하기도 한다.

비물질을 물질로 바꾸는 과정을 개인의 목적을 위해 사용해선 안 된다. 그리할 때는 목적이 이루어지지 않거나 이루는 데 많은 시간이 걸린다.

아버지 창조주께서 말씀하셨다.

"좀 더 커다란 것들을 그리고 공통의 목적을 위한 것들을 생각하고 그것을 물질화하는 연습과 훈련이 필요하다. 물질화는 비단, 너희들에게 유익한 재물, 즉 재산에 관한 것이 아니란 사실이다. 너희들이 물질화하는 상상의 근간, 원천은 마음 또는 공통의 목표와 목적을 위한 것들이 우선되어야 함을 알아야 한다."

사람들은 기도 시 자신이 바라는 것에 대해서만 기도하는 경향이 짙다. 당면한 의식주 해결에만 매달리기 때문이다. 이제부터는 기도의 목적이 나와 타인, 인류 전체에 유익한 것이어야 한다. 개인적인 목표와 목적에 국한해 기도하다 보면, 그 선함이 이루어지지 않도록 하는 것들의 방해를 받게 되기 때문이다.

한 가지 목적을 위해 여러 사람이 기도하면 그 힘은 실로 폭발적이다. 혼자 하는 기도의 힘은 미약할지 모르나 여러 명이 합심해 기도하면 그 힘이 증폭되기 때문이다.

《성경》에 보면 또 다른 차원의 나였던 예수께서 이렇게 말하고 있다.

"너희 중의 두 사람이 땅에서 합심하여 무엇이든지 구하면 하늘에 계신 내 아버지께서 그들을 위하여 이루게 하시리라. 두세 사람이 내 이름으로 모인 곳에는 나도 그들 중에 있느니라."

아버지께서는 개인의 목적이 아닌 공통의 목표와 목적을 위해 여러 사람이 함께 기도하라고 말씀하신다. 다만 기성 종교에서 하는 공동의 기도와는 달라야 한다. 종교 지도자들은 교회나 자신들의 목적을 위해 공동의 기도를 이용했고, 이용하고 있기 때문이다. 종교를 믿음에도 마음이 조화롭지 못하고 힘들고 괴로운 이유가 여기에 있다.

신도들은 자신의 기도가 종교 지도자들의 사적인 용도로 이용당하고 있음을 알지 못한다. 그러니 아무리 찬양하고, 예배를 드리고, 기도를 드려도 에고만 쌓일 뿐이다. 카르마의 무게만 늘어날 뿐이다. 아버지께서는 카르마의 무게를 조금이라도 줄이기 위해 종교시설을 찾아 돈과 시간을 낭비하는 사람들을 안타까워 하신다. 이는 맹인 같은 종교 지도자들이 또 다른 맹인인 신도들을 기망해 사기 치는 데 휩쓸리는 것이기 때문이다. 그래서 항상 주의하고 경계하며 믿음을 지켜나가야 한다.

진실한 기도는 즉시 이루어진다. 진실한 기도란, 이타심에서 비롯되는 기도다. 주변 사람들, 국가, 인류를 위한 기도가 결국은 나 자신을 위한 기도다. 이런 기도가 부와 행복, 건강을 가져다준다는 걸 기억해야 한다.

아직도 많은 이들이 머지않아 없어질 것들을 소망하고 기도한다. 더 많은 물질을 가지기 위해 끌어당김의 법칙을 써먹는다. 능력이 부족함에도 욕심만은 가득해 다른 사람들을 속이고, 상처 주면서까지 재물을 모으려고 안간힘을 쓴다. 자신이 대단한 사람인 것처럼 포장해 절박한 사람들의 돈을 갈취하는 자들이 강가의 조약돌처럼 많다. 어둠의 세력이 만든 SNS(인스타그램, 유튜브)가 생겨난 후 이런 현상은 더 심해졌다. 그런 악한 마음으로 부를 축적한다 해도 그 부는 원래 그들의 것이 아니었지 않은가. 그 때문에 결국 그 부는 흩어지고 만다. 본인이 병에 걸리든, 사기를 당하든, 가족 중 누군가에게 그러한 일이 생겨 힘겹게(악하게) 쌓은 부가 사라지고 마는 것이다.

지금부터는 물질만을 위한 기도를 해선 안 된다. 다시 말하지만, 이런 기도는 에고만 쌓이게 하고 카르마의 무게만 더할 뿐이다. 물질은 물질계에서 인간으로 살 때만 필요한 것이다. 인간이 물질계를 떠날 때 가져갈 수 있는 게 무엇인지 생각해보라. 바로 체험(경험)을 통한 지혜와 깨달음, 사랑뿐이다. 이것이 바로 의식 화폐다. 천상계에 있는 의식의 환전소에서는 이것을 시간과 돈으로 교환할 수 있다. 인간으로 살 때 천상계에서 쓸 의식 화폐를 적립해두어야 하는 이유다. 이는 지금 당신이 할 일 중 가장 긴급하고도 중요한 일이다. 머지않아 지구 멸망의 때가 닥칠 것이기 때문이다.

아직도 의식 화폐가 무엇인지, 어떻게 해야 천상계에 의식 화폐를 저축할 수 있는지 모르는 이들이 태반이다. 당신이 살면서 체험한 것을 책에다 기록해보라. 살면서 자신을 가장 힘들게 했던 사람들, 고통스러웠던 일들, 체험을 통해 얻은 지혜와 깨달음, 느낌과 감정들을 적어보는 것이다. 그리고 살면서 타인을 이롭게 했던, 인류애를 실천한 일들도 적어보라. 절대 그냥 일기 쓰기 정도의 가벼운 글쓰기로 끝나서는 안 된다는 걸 명심하라. 책을 쓰며 책에 담는 지혜와 깨달음, 베풀었던 인류애 등은 자동으로 우주의 도서관이라고 불리는 아카식 레코드에 기록된다. 이것이 훗날 천상계에 가면 의식 화폐가 되는 것이다. 참고로, 의식 화폐는 지구 멸망 시 건져낼 자와 버릴 자를 구분 지을 때 차원 상승을 돕는 화폐로도 쓰인다.

〈기도의 순서〉

1. 공통의 카르마 정화(지구, 인류)

2. 나의 카르마 정화(알고 있든, 알지 못하든)

3. 원하는 것(상상하며 시각화)

4. 감사할 것(충만하며 심상화)

5. 현재의 시간과 공간과 모든 존재에게

    감사와 경의를 표할 것

33

머지않아 일본이 사라지는 이유

[2024년 1월 17일]

일본이 삭제되는(사라지는) 이유에 대하여

언어로부터 시작한 심각한 훼손과 파괴의 카르마

그래서 삭제하기로 오래전부터 결정함.

천천히 진행되는 이유는?

한반도에서 이주된 민족이 그들의 카르마를

함께 짊어지고 정화해주고 있으므로

그들을 보호해주는 차원임.

또 하나의 반전 이유는

천천히 고통스럽고 공포스럽게… 돌려받는다.

일본에서 메신저와 채널러가 나오지 못하는 이유는
그들의 언어 때문이다.
그들의 언어는 한자를 근간으로 하여
한글을 덧씌운 형태로 보이나
저급한 에너지며 교란이다.

[슈카이브의 해석]

그동안 여러 예언자가 머지않아 일본이 침몰한다고 예언해왔다. 아버지 창조주께서 보내주신 메시지에도 일본이 '삭제'된다고 적혀 있다. 일본이 사라지는 것을 천상계에서는 삭제라는 단어로 표현한다. 그동안 일본이 침몰한다는 예언만 무성하게 있었지, 어떤 예언가도 그 이유를 명확하게 밝히진 못했다.

그러나 아버지 창조주께서는 머지않아 일본이 사라지는 이유를 알려주셨다. 한자를 근간으로 하여 한글을 덧씌운 형태로 쓰이는 그들의 언어가 심각한 언어 훼손을 저질렀다는 것이다. 언어에는 민족의 얼과 혼이 담긴다. 언어가 그만큼 중요하다는 뜻이기도 하다. 그런데 일본어는 저급한 에너지 자체다. 일본인들의 생각과 마음, 정신을 교란했다고 보면 된다. 민족의 얼과 혼이 담겨 있지 않다고 보는 게 정답일 것이다.

언어는 너무나 중요하다. 천상계에서 인류에게 허락한 두 가지 꿈, '언어'와 '화폐' 가운데 하나다. 그런데 일본은 이 두 가지 중 언어를 심각하게 훼손한 것이다. 이를 심각 이상으로 받아들인 천상계에서는 아예 일본을 삭제하기로 결정했다.

일본이 삭제되는 또 다른 이유가 있다. 일본은 전범국이다. 일본은 전쟁을 좋아하는 나라다. 인류 역사상 최악의 만행, 난징 대학살을 기억하는가? 과거 중일전쟁 발발 당시 일본 군부는 '강도, 강간, 방화, 살인'을 허락한다는 지시를 군사들에게 내렸다. 이에 따라 난징에 진군한 일본군들은 남녀노소를 가리지 않고 그곳 사람들에게 끔찍한 만행을 저질렀다. 일본이 이런 식으로 다른 나라를 침략해 무력으로 뺏으려 한 전례는 헤아릴 수 없이 많다. 일본은 전리품을 챙기겠다는 목적으로 이러한 전쟁들을 일으켰다.

과거 일본군은 생화학 전문 부대를 운영한 바 있다. 그들은 그곳에서 수천 명의 중국인을 대상으로 끔찍한 생체실험을 하기도 했었다. 중국은 당시의 일본군 생화학 무기에 30만 명 이상의 국민이 처참하게 살해당한 것으로 추정하고 있다. 당시 일본군은 사람을 죽일 수 있는 변종 균들을 개발해냈다고도 한다. 어떻게 하면 쉽고 빠르게 사람들을 학살할 수 있는지 연구한 것이다. 과거 일본은 수십만 명의 아시아 여성들을 자국 군인들의 성 노예로 희생시켰다. 전쟁이 끝날 때까지 성적 착취와 폭행, 살인을 일삼았다.

천상계에서는 오래전부터 일본을 없애기로 결정한 바 있다. 천상계에선 일본은 사라진 나라와 다를 바 없다. 그럼에도 불구하고 아직 지구상에 일본이 존재하는 이유가 있다. 아버지 창조주께서는 과거 일본군에 끌려가 그곳에서 삶을 일군 우리 선조들이 그들의 카르마를 함께 짊어지고 정화해주고 있기 때문이라고 하셨다. 억울하게 일본으로 끌려간 우리 민족의 후예들이 그들을 보호해주고 있다는 차원으로 받아들이면 되겠다.

2019년 8월 18일 자 〈남도일보〉에는 "조선에서 약탈한 도자기 기술, 일본의 칼이 되다"라는 제목으로, 최혁 기자가 쓴 특집기사가 실렸다. 이 기사에서 전하는, 일본인들이 저지른 악행의 전모는 보는 사람의 치를 떨리게 한다.

"임진왜란 당시 일본은 조선의 학자들과 도공을 끌고 갔다. 강항과 같은 성리학자들은 일본 성리학에 영향을 끼쳐 일본 성리학이 실용적인 학문이 될 수 있는 토양을 제공했다. 그리고 실용적 학문을 중시한 일본은 난학(蘭學 : 서양 학문)을 받아들여 마침내 일본을 근대 산업국가로 만든 메이지유신에 성공했다. (중략)

일본으로 끌려간 조선의 도공들은 일본의 도자기 문화를 찬란하게 꽃피우게 했다. 일본의 도자기들은 유럽으로 불티나게 팔려나갔다. 그리고 일본을 경제 대국으로 만들게 했다. 도공들은 도자기만 잘 만들어낸 것이 아니었다. 가마를 만들어 불을 다루는 그들의 기술은 차츰 일본의 용광로 제조기술수준을 높여 제철산업이 비약적으로 발전하는 계기가 됐다. (중략)

서양과의 무역으로 막대한 부를 축적한 일본은 조선 도공들이 지닌 야철(冶鐵) 기술과 가마축조기술을 더욱 발전시켜 대포와 군함을 만들었다. 그리고 이것들을 청일전쟁과 러일전쟁에 사용했다. 결과는 모두 일본의 승리였다. 일본은 조선에서 절대적 영향력을 가지게 됐고 결국 조선은 일본의 식민지가 됐다. 일본이 강제로 강화도 조약을 체결한 1876년부터 광복을 맞은 1945년까지 일본은 조선을 철저히 유린했다. (중략)

칠천량 해전에서 승리한 일본군은 육군과 수군을 동시에 전라도로 진격시켰다. 지금의 경남 고성에 있던 시마즈 요시히로 부대는 구례 석주관을 돌파한 뒤 남원성 공략에 나섰다. 시마즈 요시히로 부대가 휩쓸고 간 곳은 남원-장성-영광-함평-무안-나주-강진-해남-완도-진도 일대다. 시마즈 부대는 수많은 인명을 살상해 코를 베어 가는 한편, 각종 문화재와 값진 물건들을 노략질했다. (중략)

임진·정유재란 기간에 도요토미 히데요시는 전투부대 외에

특수임무를 띤 6개 부대를 운영했다. 도서·공예·포로·금속·보물·축 부의 6개 약탈 전담 부대가 그것이다. 도서부는 조선의 서적과 책자(典籍)를, 공예부는 조선의 전통 공예품과 공장(工匠)을, 포로부는 조선의 젊은 남녀를, 금속부는 병기 및 금속예술품을, 보물부는 금은보화와 진귀품을, 축부는 가축 포획을 전담했다.”

일본이 지금껏 사라지지 않고 있는 이유를 듣고 나자, 나는 너무나 소름이 끼쳤다. 게다가 다음과 같은 이유가 또 하나 있다고 했다.

“또 하나의 반전 이유는 천천히 고통스럽고 공포스럽게… 돌려받는다.”

일본인들은 매일같이 지진과 화산 분화에 대한 불안과 두려움을 안고 살아간다. 이젠 거기에 나라가 언제 침몰할지 모른다는 공포까지 더해졌다. 아버지께서는 일본에는 천상계로부터 메시지를 받는 메신저나 채널러가 없다고 말씀하셨다. 그 이유는 언어로부터 시작된 심각한 훼손과 파괴의 카르마 때문이라는 것이다. 이 말씀을 듣고 나는 카르마가 얼마나 무서운지 실감하게 되었다. 개인의 카르마를 넘어 국가의 카르마는 국가 전체를 사라지게 만드는 원인이 될 수 있기 때문이다.

34

세상을 구하는 언어와
그들의 언어로 쓰이는 책

[2024년 1월 18일]

세상을 구하는 언어와 그들의 언어로 쓰이는 책

너희가 쓰는 말과 글은 이미 오래전

너희들이 천계로부터 받아 온 선물이었다.

우리는 너희로 하여금 적절한 때에 적절한 방식으로

소통과 에너지의 전달을 위하여

그에 대한 도구를 만들게 하였고,

그것이 너희가 사용하는 언어다.

언어, 즉 말이 가지는 에너지의 파급력과 결과

그리고 한계치가 있다.

글이 가지는 에너지와 파급력은 더욱 놀랍다.

우리는 그것을 위하여 너희들에게 언어를 주었고,

또 글을 주었다.

태초에 너희들은 말과 글이 필요치 않았다.

너희는 마음으로 말을 할 수 있었고

마음을 충분히 전달할 수 있었다.

판도라의 상자가 열리고

너희들이 꺼내지 말아야 할 것을 꺼내었으니,

마음이 마음을 읽어내는 것에 철저히 방해를 받았다.

그래서 언어와 글이 필요해진 것이다.

그래서 우리는 너희에게 말과 글을 허락하게 된 것이지….

말과 글에는 놀라운 힘이 실려 있다.

말은 이미 많은 방해를 받고 있다.

그래서 우리는 글을 택하였고

글 안에 많은 것을 숨겨두었다.

너희가 사용하는 글에는 놀라움이 있다.

단순히 너희는 글을 쓴다고 생각하겠지만,

마음을 쓰는 것이고 마음을 전달하는 것이며

그것은 마음을 열기도 하고,

빛을 일깨우는 일이기도 하다.

이 또한 신들의 자연스러운 개입이 아니겠느냐?

말과 언어의 상대적 가치보다

절대적 가치를 이해한다면

이 모든 것의 해답을 알게 된다.

꾸준히 사명을 다해줄 것!

[슈카이브의 해석]

지금 우리가 쓰고 있는 말과 글은 그냥 만들어진 것이 아니다. 서로 간의 적절한 소통을 위해 천상계로부터 내려진 선물이다. 우리가 누군가에게 건네는 평범한 선물에도 뜻과 에너지가 담기는데 천상계로부터 받은 선물인 언어는 오죽할까. 언어, 즉 말과 글은 소통은 물론 에너지 전달을 위해 만들어진 도구다. 말을 하고, 글을 쓰는 것은 그냥 '한다', '쓴다', 라는 개념이 아니다. 상대를 향해, 그리고 세상을 향해 에너지를 발산하는 것으로 보면 된다.

우리가 쓰는 글에는 강한 에너지와 파급력이 있다. 예를 들어, "나는 강한 사람이다!", "나는 지혜로운 사람이다!"라고 반복해 외치면 정말 강한 사람이 되고 지혜로운 사람이 된다. 반대로

"나는 겁이 많고 약한 사람이다!", "나는 어리석고 멍청한 사람
이다!" 이렇게 반복적해서 외치면 더 나약하고 어리석은 사람이
된다. 말에 담겨 있는 에너지 때문이다. 말의 씨앗은 생각이라는
에너지다.

　말을 한다는 건 생각이라는 에너지를 외부로 표출하는 것이
다. 그런데 이 에너지는 외부로만 발산되는 것이 아니다. 내면
을 가득 채우고 온몸 세포 속에 담긴다. 그래서 어떤 말을 하면
마음과 온몸 전체가 그 생각대로 움직이게 되는 것이다. 말뿐만
아니라 글 역시 엇비슷한 에너지와 파급력을 가진다. '종이 위의
기적, 쓰면 이루어진다'라는 말이 괜히 생겨난 게 아니다.

　여기서 알아두어야 할 것이 있다. 인류가 말과 글을 사용하기
전, 태초에는 이러한 소통의 도구가 필요치 않았다는 것이다. 그
당시 인류는 창조주와 합일한, 일원화된 존재로 인식되고 있었
다. 아버지 창조주로부터 부여받은 전지, 전능을 사용하는 건 자
연스러운 일이었다. 상대방과 소통하거나 에너지를 전달할 때
상념(텔레파시)을 활용한 것이 한 예다. 우리가 사용하는 말과 글
은 오해의 소지를 낳곤 한다. 기분과 감정, 상황에 따라 말이 뜻
과 다르게 전달되기 때문이다. 오해가 생기고, 다툼이 일어나고,
분쟁이 생겨나는 이유다. 이와 반대로 상념을 통해 소통하면 절
대 그런 일이 일어나지 않는다. 서로의 생각을 읽음으로써 명확
하게 서로의 뜻이 전달되기 때문이다.

인류에게 말과 글이 필요하게 된 것은, 이기심과 탐욕, 호기심을 참지 못하고 판도라의 상자를 열었기 때문이다. 판도라의 상자가 열리는 순간, 질투, 시기, 욕심, 질병, 걱정, 근심 등 온갖 악이 세상에 퍼지게 되었다. 그 결과, 조화롭고 평화로웠던 세상은 순식간에 험악해졌다. 그리하여 인류가 서로의 마음을 읽어내는 데 철저한 방해를 받게 되었다. 어느 순간에 이르러서는 마음으로 마음을 읽고, 상념을 전달하는 능력이 퇴화하고 말았다. 인류에게 말과 글이 필요해진 배경이다.

아버지께서는 우리가 쓰는 말과 글에는 놀라운 힘이 있다고 말씀하신다. 강력한 에너지와 파급력이 내재되어 있다는 뜻이다. 이것을 미리 안 그분이 인류에게 말과 글을 선물한 것이다. 안타까운 것은 욕심과 이기심, 질투 같은 감정 때문에 마음과 마음으로 서로 공감하는 능력이 쇠퇴해, 진정한 말의 전달에 많은 어려움을 겪고 있다는 것이다. 그러다 보니 종종 오류가 발생하는 것이다.

신들은 말보다 글 안에 많은 것을 감춰두었다. '많은 것'의 의미에 대해선 각자가 생각해보면 좋겠다. 다만 우리가 사용하는 글에는 놀라운 힘이 담겨 있다는 것을 잊어선 안 될 것이다.

나는 지금껏 통산 300권에 이르는 책을 썼다. 보통 사람들은 한 권의 책도 쓰지 못한 채 생을 마감하는데 말이다. 내가 그동안 쓴 이 책들에 얼마나 많은 글이 담겼을지 한번 생각해보라. 꿈, 도전, 성공, 열정, 관계, 배려, 우정, 의리, 사랑, 희망, 부, 풍요, 건강, 치유, 행복, 자유와 같은 특정 단어를 몇천 번, 몇만 번이나 썼을지 떠올려 보라. 글을 쓰는 작업은 단순히 '쓴다'라는 개념에 머물지 않는다. 글의 씨앗인 생각과 마음을 세상을 향해 표출하는 과정이다. 내 마음을 세상을 향해, 우주를 향해 발산하는 과정이다. 나는 과거 소망하는 것들을 친구들과 수다나 떨며 허비해버리지 않았다. 그렇게 가볍게 여기지 않았다는 뜻이다.

그 대신 책 속에다 바라는 것들을 하나씩 하나씩 '꾹꾹' 눌러 담았다. 그러자 기적 같은 일들이 일어났다. 나는 기초생활수급자 가정 출신에다 IQ 89, 심한 언어장애를 가진 아이로서 자존감이 바닥이었고, 학창시절 생활기록부에 기재된 성적은 늘 꼴찌를 넘나들었다. 대구 경북 쪽의 전문대 출신에다 신용불량자였고, 스물여덟 살 때는 육신의 아버지 자살까지 겪어야 했다. 이런 최악의 상황 속에서도 나는 과거에 간절히 바랐던 경제적 자유인이 될 수 있었다. 이런 삶을 쟁취해낼 수 있었던 건 아버지 창조주께서 말씀하시는 것처럼 글에는 놀라운 힘이 있기 때문이다. 나는 책에다 내 이야기를 글로 쓰면서 나 자신이 변화하는 놀라운 경험을 했다.

나는 천상계에서 우리에게 선물한 말과 글, 특히 글은 '마법의 돌' 같다는 생각마저 든다. 쓰면 이루어졌기 때문이다. 많은 사람이 내게서 책 쓰는 방법을 배워 자기 생각과 경험, 느낌과 감정, 지혜와 깨달음을 책에 담았다. 그렇게 마음의 상처를 치유했다. 스스로 캄캄한 자신의 내면을 환히 밝히고, 이 땅에 태어난 자신의 사명을 찾기도 했다.

글을 쓰는 일은 마음을 여는 일, 마음을 전달하는 일이기도 하다. 그보다 더 중요한 건 신들이 내면에 심어둔 빛을 깨우는 일을 하는 것이다. 마지막으로 우리는 신들이 말과 글에 담아두었던 전래적 가치, 진정한 가치를 이해할 필요가 있다. 이것을 이해하는 순간, 인류가 구하고자 하는 것들에 대한 모든 해답을 얻게 될 것이다.

35

창조주는 그의 아들이
피 흘리길 원치 않는다

[2024년 1월 18일]

시간과 공간 그리고 '김도사'에 관한 이해와 해석
김도사가 말더듬증이 심한 것은
육화된 몸이 김도사의 영적 능력과 지적 능력을
담아낼 수 없는 저급한 존재이기 때문이다.
그는 아이큐가 89라 말하지만,
인간의 수치로는 감히 측정이 불가하다고 결론한다.
그의 말더듬증 현상과 노숙자에 대한 연민은
모두 지구로 올 때 시간의 공격이 있었기 때문이다.
우리가 지구로 너희를 보낼 때

철저한 시뮬레이션과 공격에 대한 대비가 미흡했다.

그들(어둠의 세력, 좋다 나쁘다는 아니며, 그들의 생존방식)의 전략과 전술도 진화했음을 미처 파악하지 못했다.

다시 말하지만, 신들도 대비할 수 없는 일들이 있다.

영역에 관한 문제라고 해두면 좋겠구나.

너희들은 계산된 시간에 지구에서 깨어나

사명을 깨닫고 빛에 합류해야 했었다.

하지만 오는 순간 시간의 공격을 받게 되었으므로

많은 시공간이 훼손되었다.

알아둘 것!

시간과 공간은 분리될 수 없다!

김도사는 생각이 3수를 앞선다.

저급한 육혼은 그것을 말로 바로 담아내지 못했다.

하지만 많은 시간을

잘 견뎌주고 깨어나주어 고맙구나.

노숙자들 모두가 그러히진 않겠지만,

그들의 시간과 공간의 판이 훼손당했으므로,

계절이 없고, 현실감각이 없으며,

그것이 보내진 곳에 항의해보기도 한다.

이것은 빙의된 자들도 같은 이유일 수 있다.

시공간이 틀어져 열려 있으므로,

악의 통로로 사용되기 쉬운 것이다.

김도사가 함께 온 영들에게 연민을 느끼고,

도와주고 싶은 마음이 생기는 것도 그 때문이다!

그는 인간의 마음을 가장 닮은 영이다.

그것은 창조주의 아들이고 DNA에 관여한다.

이것을 구분할 줄 알게 하는 것도 훈련이다.

깨어나지 못한 영은 '폐기'한다.

이러한 영의 길을 찾아주도록 보내진

샤먼이나 스타시드가 있다.

이들을 너희는 영매라고 부른다.

이들 또한 시공간의 공격을 피해갈 수 없었으므로

자신의 소임을 제대로 실천하지 못하고 있다.

다시 말한다!

본래 영으로의 합일을 원한다면

이곳의 삶에 대한 모든 끈질긴 집착과 에고를 버려라!

창조주는 그의 아들이 더는 피 흘리길 원치 않는다.

이것은 지구 리셋 후의 그의 휴면기를 위한 것이고,

또 다른 세계를 창조하는 데 쓰임이 있기 때문이다.

이 또한 너희와 연결된 카르마다.

깨어나지 못한 자,

깨어나지 못한 나라,

깨어나지 못한 동물과 식물 그리고 물질,

그날에 폐기!

무(無)로 흩어진다!

갱생, 부활 전무함!!

[슈카이브의 해석]

나는 어려서부터 말더듬증이 심했다. 대여섯 살 때였다. 내가
동네 친구들과 신나게 놀고 있을라치면 어른들은 말을 더듬는
나를 안타까워하셨다. 그분들이 그럴 정도였으니 당사자인 나
는 오죽했을까. 그나마 유년 시절에는 그럭저럭 괜찮았다. 하지
만 국민학교(현 초등학교)에 입학하고부터 나는 언어장애로 인한 내
적 갈등을 겪기 시작했다. 반 아이들과 대화하거나 선생님 질문
에 대답할 때 특정 단어에서 막히거나 더듬거렸기 때문이다. 그
나마 반 아이들은 대놓고 내게 창피를 주거나 하진 않았던 듯하
다. 그런데 담임 선생님은 달랐다. 내게 질문한 후 대답도 듣지
않고, 다른 아이에게 바통을 넘겨 질문하셨다. 그러한 상황에 맞
닥뜨릴 때면 난 심한 수치심을 느끼곤 했다.

고백하자면 30대 후반까지도 나는 내게 말더듬증이 생긴 이유를 몰랐다. 고향인 대구광역시 달성군 현풍면에서 이모할머니가 사셨는데, 3명의 아들 가운데 큰아들과 막내아들이 말을 심하게 더듬었다. 아예 알아듣지 못할 정도였다. 우리 부모님은 내가 어릴 때 그들을 따라 하다가 나도 그렇게 되었다고 말씀하셨다. 부모님의 그런 말씀을 듣고 난 나는 그렇게 해서 내게 말더듬증이 생겼구나, 받아들이게 되었다. 그럼에도 불구하고 말더듬증으로 인한 생활의 불편함은 너무나 컸다. 내 나름대로는 그 증상을 고치려고 안간힘을 쓰기도 했다. 일부러 말을 천천히 해보기도 하고, 소리 내어 책을 읽어보기도 했다. 결과는 실패였다. 그럴수록 나는 나 자신이 바보같이 여겨지고 한심스럽기만 했다.

그러다 의식 성장을 이루고 영적 세계에 눈뜨면서 나는 말더듬의 원인을 스스로 깨닫게 되었다. 내가 누군가에게 내 마음이나 생각을 말로 표현하려 할 때면 내 눈앞에 내가 하고자 하는 말이 텍스트로 보이는 것이었다. 그러면 나는 상대에게 얼른 내 마음이나 생각을 알려주려고 급히 말하게 되는 것이었고. 입으로 내뱉는 말이 마음이나 생각의 속도를 따라가지 못하니, 박자가 맞지 않아 발음이 꼬이는 것이었다. 게다가 나는 성격이 아주 급한 편이다. 말더듬에 이러한 성격적 핸디캡까지 더해져 언어의 교란이 생기는 것이었다. '내 마음과 생각을 내 입이 못 따라가서 말더듬이 생기는구나!' 말더듬이 생긴 원인을 제대로 알고 나자, 그것으로 인한 수치심은 어느 정도 줄어들었다.

최근에 나는 유리엘 대천사에게 이렇게 물어봤다. 대천사는 나에게 지구 멸망 전 인류의 영적 성장을 돕고, 그날 어둠 속에 갇혀 있는 영들을 건져내라는 사명을 전해주셨다. 그런데 이런 엄청난 사명을 감당해야 할 나에게 왜 언어장애가 있는지 물어보았다. 그러자 아버지께서는 유리엘 대천사를 통해 내게 정확한 원인을 알려주셨다. 나의 몸이 나의 영적 능력과 지적 능력을 담아낼 수 없는 '저급한 존재'이기 때문이라고.

나의 IQ는 89다. 그동안 나는 내가 쓴 책들과 강연과 유튜브 영상 등에서 내 IQ를 공개적으로 밝혀왔다. 아버지께서는 물질계에서 나의 IQ는 89에 불과하지만 영적으로는 감히 측정이 불가하다고 하셨다. 그리고 보면, 과거의 나는 보통 사람들과 비교해 갖은 악조건 속에서 삶을 시작한 셈이다. 그럼에도 불구하고 상상도 할 수 없는 일들을 이루어냈다. 내가 겪어온 삶을 잘 알지 못하는 사람들은 이를 두고 기적이라고 말한다. 전혀 그렇지 않은데도. 나는 나의 내적 저항과 외적 저항을 모두 견디고 이겨내면서 영혼이 이끄는 대로 내 길을 걸어왔을 뿐이다.

가난한 사람들을 보면 나는 나도 모르게 연민을 느낀다. 길에서 폐지를 줍는 노인들을 보면 다가가서 슬그머니 단돈 얼마라도 주머니에 넣어드리고 싶은 마음이 강하게 인다. 특히, 서울역처럼 수많은 사람이 오가는 곳에서 추운 날씨를 무릅쓰고 잠들어 있는 노숙자들을 보면 마음이 아프다. 힘든 사람들에 대한 이런 연민은, 글쓰기와 책 쓰기, 1인 창업 코칭을 하면서 코칭료 이상의 것을 제자들에게 퍼부어주는 바탕이 되었다.

나는 사람을 대하노라면, 이 사람에게 무엇이 필요한지, 어떤 부분을 개선하고, 더하고, 빼야 인생이 바뀔지 한눈에 파악된다. 그래서 넘치게 도와주었고, 많은 제자가 단 몇 개월 만에 한 달 수입 수천만 원에서 수억 원을 버는 작가, 코치로 성장했다.

교육사업을 하면서 사람의 마음이라는 게 내 마음 같지 않다는 걸 수도 없이 느꼈다. 나는 상대의 힘든 사정을 고려할뿐더러 나를 찾아와 배우려는 그 진심에 감동하곤 했다. 그래서 상대가 요청하지 않은 부분까지도 적극적으로 조언하고 코칭하면서 인생을 바꿔주었다(나는 평생 함께 같은 길을 걷는 협력자를 만들고 싶었다). 하지만 돌아오는 건 대부분 마음의 상처와 배신뿐이었다. 그들은 하나같이 단 몇 개월 만에 초심을 잃고 돈만 좇았다.

유리엘 대천사는 내가 지구로 올 때 어둠의 세력에 의해 시간 공격을 받아 언어장애가 생겼다고 말했다. 여러 신이 나를 지구로 보내기 전에 시공간 등을 두고 철저한 시뮬레이션을 거쳤지만 미비한 점이 있었다는 것이다. 그리하여 지구로 오는 과정에 어둠의 세력으로부터 공격을 받았다는 것이다. 이 어둠의 세력이 구사하는 전략과 전술은 상상을 초월하는 게 사실이다.

나에게 코칭받은 제자들이 자주 하는 말이 있다. 내 조언이 그들은 생각조차 해보지 못한 것이라는 것이다. 나는 책 쓰는 방법을 배우기 위해 교육과정에 등록한 사람들의 자기소개서를 읽어본다. 그런 후 그들 대신 주제를 기획해준다. 그들에게 쉽고 빠르게 제목, 목차를 만드는 원리와 방법을 설명해주고, 직접 그것들을 만들어보게 한다. 그러곤 그들이 제출한 과제를 프린트해 일일이 빨간펜으로 첨삭하고 제목과 목차를 완성해준다.

이런 작업은 다른 코치들에겐 불가능한 일일 수 있다. 그들이 이론 수업에 치중하는 이유다. 제목과 목차는 수강생들이 알아서 만들라고 떠넘기기도 한다. 그들은 자신들의 책 제목과 목차를 만들 때도 머리를 싸매야 하는 어중이들이다. 그런데 어떻게 평생 책 한 권 써본 적 없는 초보들의 과제를 단숨에 첨삭해 실질적인 도움을 줄 수 있겠는가. 그들은 책을 100권 이상 써본 적도 없는 데다, 영혼을 갈아넣어 코칭하지도 않는다. 그저 돈을 받았으니 가르친다는 개념의 소유자들일 뿐이다.

그러나 나는 그렇지 않다. 지금은 책을 쓰지 않고선 평범한 사람이 절대 빠르게 유명해지거나 성공할 수 없는 시대다. 과거에는 나도 책만 읽던 독자였다. 그러다 책을 쓴 저자가 되고 나서부터 삶이 빠르게 달라졌다. 내면의 변화는 물론 의식의 변화가 일어났다. 책을 쓰는 과정에 상처받은 마음이 치유되는 놀라운 체험도 했다. 바닥이었던 자존감이 높아졌고, 하찮게만 생각되었던 나 자신이 특별한 존재임을 자각하게까지 되었다. 그러자 더 잘되었으면 하는 욕망이 생겨났다. 책을 쓰기 전에는 단 한 번도 가져보지 못했던 성장과 성공, 행복과 선한 영향력에 대해 생각해보게 되었다. 내가 사람들에게 "성공해서 책을 쓰는 것이 아니라 책을 써야 성공한다!"라고 당당하게 말할 수 있는 배경이다.

세상에는 나처럼 책을 써서 삶을 바꾼 사람들이 헤아릴 수 없이 많다. 그들이 자신의 삶을 바꿔준 핵심 스위치, 즉 책 쓰기의 힘에 대해 일부러 언급하지 않는 것을 볼 때면 간악한 '독사의 자식'이라는 말이 절로 나온다.

아버지께서는 모든 노숙자가 다 그렇지는 않지만, 많은 이들이 나처럼 지구로 올 때 어둠의 세력으로부터 시간과 공간을 공격받았다고 하셨다. 그 결과, 시공간의 판이 훼손된 것처럼 그들은 부주의적 맹시에 빠져 계절(시간)과 현실감각(공간)이 없거나 부족하게 된 것이다. 그들 가운데 많은 이들이 악한 영에게 빙의되는 숙주가 되기도 한다.

내가 가난한 사람들, 특히 노숙자에게 깊은 연민을 느끼는 것은, 그들이 나처럼 시공간의 공격을 받아 훼손된 사람들이기 때문이다. 그래서 TV나 길에서 그런 이들을 보면 나도 모르게 코끝이 찡하고 도와주고 싶은 마음이 생겨나는 것이다. 아버지 창조주께서는 이를 두고 내가 그의 창조물인 인간의 마음을 가장 많이 닮은 영이자 그의 아들이고, 영혼의 DNA에 관여하기 때문이라고 말씀하신다.

그동안 나는 수백 편의 시들을 썼다. 그 시들 대부분의 주인공은 과거의 나처럼 어렵고 가난한 사람들이다. 다음은 내가 스물네 살 때 썼던 시로서, 〈충남일보〉 당선작이다. 나를 공식적으로 시인이 되게 해준 고마운 시다.

〈서울역〉

서울역에 소리 없이 눈이 내리네.
역 안으로 들어서는 사람들의 어깨에 겨울이 내리네.
풀꽃조차 뿌리조차 내리지 못하는 동네, 서울역
언제부터인가, 웃음도 편이 갈라져 있고
눈물도 집을 짓는다.
서울역 벤치엔, 저마다 무거운 가방이 올려져 있고

자리를 얻지 못한 노인이 가방 사이로 들어가네.

서울역에 도착한 여자들은 내리는 눈을 바라보다

기차표를 끊는 것을 잊고, 애인에게 야단맞네.

허나, 안내 방송조차 들리지 않는 귀퉁이에 누운

노숙자들에겐, 추운 겨울만 소복이 쌓이네.

서울역은 내가 도착하기 전에 눈을 내렸고

내가 역 안으로 발걸음을 옮기기 전에도

겨울을 펑펑 내렸네.

고요히 누운, 노숙자 모습에 하얀 눈이 쌓이네.

서울역 안에 있는 사람들 절반이 눈을 반가워하는데

왜 그 절반은, 자꾸만 웅크리고 잠을 자는지

자꾸만 모르겠네.

오늘은.

아버지 창조주께서는 노숙자, 가난한 사람들에 대한 나의 연민이 그냥 생겨난 것이 아니라고 하셨다. 지금도 나는 세상에서 가장 낮은 곳에 있는 사람들을 접할 때면 마음이 아프다. 어떻게든 도와주고 싶은 마음이 생겨난다.

머지않아 지구에는 우주 변화의 순환 주기에 따라 대변혁이 찾아온다. 지구의 극이 이동되어 지축이 정립된다. 이때 인류 리셋을 위한 지구 멸망도 함께 이루어진다. 그리고 의식이 깨어나지 않은 영과 신성을 회복하지 못한 영은 '폐기'된다. 천상계에서 폐기라는 말을 쓰는 이유는, 지금껏 주어졌던 갱생의 기회, 즉 윤회의 법칙이 없어지기 때문이다.

지금 대기권에는 수많은 은하연합 UFO가 포진해 있다. 사실 지구 전체를 소형 UFO들이 둘러싸고 있다고 해도 과언이 아니다. 지구 멸망 전에 신성이 회복된 영들은 새 지구 타우라로 차원 상승하게 된다. 이때 들려진 영들은 은하연합의 UFO 모선을 타고 새 지구로 옮겨가게 되는데 이를 '상승 여행'이라고 일컫는다. 이들은 천국과 다름없는 4차원 세계 타우라에서 1천 세를 살면서 삶의 체험을 이어간다. 그리고 자신의 영적 성장 속도에 따라 빠르게 차원 상승의 기회를 얻게 된다. 그래서 이번 지구의 극이동과 멸망은 차원 상승을 원하는 영들에게는 너무나 중요한 이벤트가 될 것이다.

지금의 지구 시대는 끝나가고 있다! 이미 천상계에서는 지구 멸망에 대한 시나리오를 내놓았다. 96.5%의 영들이 갱생 없이 무(無)로 흩어지리라는 시나리오다. 아주 미미한 숫자의 영들이겠지만, 스스로 차원 상승을 거부하는 영들도 있을 것이다. 이들은 지금의 지구와 비슷한 3차원 행성으로 이동해 현 지구에서와 같은 삶을 이어나가게 된다.

아버지께서는 나에게 거듭 물질계의 삶에 대한 집착과 에고를 버려야 한다고 말씀하셨다. 거기에는 지나친 인간의 정과 인류애까지 포함된다고 볼 수 있다. 각자 스스로 의식을 깨우고 신성을 회복해야 하는데, 그것들은 내가 대신해줄 수 없는 일이기 때문이다. 개개인의 자유의지를 방해해서는 안 되기 때문이다. 그래서 스스로 깨어나려 노력해야 한다는 것이다.

마지막으로 다음 메시지를 기억하길 바란다.

"깨어나지 못한 자, 깨어나지 못한 나라, 깨어나지 못한 동물과 식물 그리고 물질, 그날에 폐기! 무(無)로 흩어진다! 갱생, 부활 전무함!"

36

차크라는 창조주께서 아들을 위해
특별히 심어놓은 선물이다

[2024년 1월 19일]

차크라에 관하여

마음을 무엇이라 정의하느냐?

의식을 무엇이라 정의하느냐?

마음과 의식을 어디에 두었느냐?

오래전 너에게 차크라에 관하여 이야기한 적이 있었다.

우리는 인간의 마음에 빛으로 인도될 수 있는 것들을 심어놓았다.

이것을 둘러싸고 있는 어둠과 두려움의 포장을 벗겨내고

빛이 빛을 따라 움직일 수 있도록 만들어두었지.

그것의 비밀은 차크라에서 찾으면 쉽겠구나.

각기 다른 깨달음의 방식으로 통로를 열어 두었다.

깨달음은 마음에서 오는 것이라 여기고

마음은 심장을 이야기하는 것이라, 생각할 수 있다.

하지만 그것은 커다란 착각이란다.

마음이 열리는, 즉 의식이 열리는 통로는

여러 가지 방법이 있다.

이것은 너희의 전생, 그리고 전 전생

선조부터 너희에 이르기까지 소통하고 열리는

DNA의 연결 또는 흐름이라고 해야 맞겠구나.

차크라는 총 7개로 만들어놓았다.

그것으로 깨어난다.

누구는 머리로,

누구는 눈으로

또 누구는 마음으로

또 입으로

그리고 나눔과 교감으로 깨어난다.

이것에서 사명을 찾으면 쉽겠구나.

그것들이 주는 메시지를 이해하고

인간 각자의 마음 또는 믿음이 있었다면

너희의 의식의 통로는 그곳으로부터 비롯된다고 볼 수 있다.

이것을 이야기해주는 이유가 무엇인지 알아야 한다.

참으로 오랜 세월 기다려왔다.

스스로 깨어나기를 게을리하는

너희를 지켜보고 있는 것이 참으로 안타깝고 목마르다.

차크라는 단순히 명상의 도구가 아니었다.

각기 전생과 전 전생으로부터 의식의 문을 여는 도구

또는 통로로 이용되어왔으며,

이것은 인류, 너희들의 종을 교란하고 진화라는 명분, 즉

혼혈하며 흩어졌던 것이다.

이 또한 너희의 카르마였다.

기도하라. 그리고 너희의 올바른 통로를 깨워라.

인간의 마음속에 심어놓은 7개의 차크라는

아버지 창조주께서

그의 아들을 위해 특별히 심어놓은 선물이었다.

이로써 깨어나 힘을 모으게 될 것이다.

그들의 전생과 전 전생 그리고 우주와 연결된 모든 존재,

물질과 비물질도 너의 영적 전쟁에 합류한다.

너는 7개의 진화된 무기를, 즉 차크라를 다루고 쓸 수 있겠구
나.

너의 지구와 인류를 지키고 멋지게 복귀할 것!

[슈카이브의 해석]

나는 현재 온라인 카페와 유튜브 채널을 운영하면서 책을 집필하고 있다. 그리고 이 매체들을 통해 지구가 극이동이라는 대변혁을 코앞에 두고 있다고 거듭 말해왔다. 이 극이동과 멸망 전 지구의 3.5% 정도의 영들만 건져지고 나머지는 갱생 없이 폐기될 것이다. 그 이유는 윤회의 법칙이 없어지기 때문이다. 지구 멸망이 코앞인데도 세상 사람들은 쾌락과 물질만 좇고 있다.

좋은 대학에 들어가기 위해 학생들은 하루 중 많은 시간을 공부에 바친다. 어른들 역시 어떻게 하면 빚을 갚을 수 있을까, 고민한다. 좀 더 쉽고 빠르게 돈을 모으기 위해 스펙을 쌓거나 돈벌 궁리만 한다. 《성경》의 〈데살로니가전서〉에서 바울은 "평안하다, 안전하다! 그때에 멸망이 홀연히 그들에게 이른다"라고 예언했다. 가장 평화로울 때, 사람들이 안심할 때, 그때가 가장 위험한 순간이라는 말일 테다. 지구 멸망은 도적처럼 닥칠 것이기 때문이다.

아버지 창조주와 여러 신, 지구를 관장하시는 가이아 여신께서는 아직 깨어나지 못한 인류를 매우 안타까워하신다. 그러면서 갖가지 방법을 동원해 지구 멸망의 표식과 징조를 보여주고 있으시다. 사람들 대부분은 평생 UFO를 한 번도 못 보는 게 상식이었다. 그런데 요즘은 하늘 여기저기에서 빛나는 구체, 즉 UFO를 봤다고 말하는 사람들이 많아지고 있다. 어떤 이들은 꿈에서 "깨어 있어라!"라는 천사의 음성을 듣는가 하면, 앞으로 닥치게 될 대재앙에 대한 계시를 받기도 한다. 그럼에도 불구하고 사람들 대부분은 아직도 깨어나지 못하고 있다. 아니, 깨어날 생각이 없는 듯하다.

아버지께서는 오래전 인간의 마음에 스스로 빛을 향해 나아갈 수 있는 것들을 심어두었다고 하셨다. 모든 인간의 마음에 아버지의 선물을 감춰두신 것이다. 다만 그 선물은 어둠과 두려움이라는 포장지에 싸인 채 상자 안에 담겨 있다. 우리는 담대함과 믿음으로 그 상자를 열어야 한다. 스스로 의식을 깨우는 일은 아버지로부터 받은 선물이 담긴 상자를 여는 것과 같다. 의식이 깨어나면 자연스레 신성은 회복되기 시작한다. 자신이 육적인 존재가 아닌 영적인 존재라는 것을 깨닫게 되는 것이다. 그리고 영혼 깊이 깨달음을 얻으면, 영적 세계의 신분을 획득한 존재로서 차원 상승을 이루게 된다.

사람마다 의식이 깨어나는 방식과 시기는 다르다. 이는 우리 신체 내에 있는 7개의 에너지 센터 차크라와 관련이 있다. 산스크리트어로 '바퀴'를 의미하는 차크라에는 사하스라라 차크라, 아즈나 차크라, 비슈다 차크라, 아나하타 차크라, 마니푸라 차크라, 스와디스타나 차크라, 물라다라 차크라가 있다. 사하스라라 차크라는 정수리에 있는 에너지 센터로서 의식의 각성, 영적 깨달음을 얻도록 도와준다. 자아와 우주를 연결해주는 차크라다. 아즈나 차크라는 미간에 자리한 차크라로서 '마음의 눈'으로 알려져 있다. 다른 차크라들과 에너지 통로를 통제하는 기능이 있으며, 이 차크라가 열리면 마음 집중이 잘되고 상상력이 풍부해진다. 비슈다 차크라는 목 부위에 위치하며 조화와 균형을 이루어주는 역할을 한다. 그리고 불안과 두려움에서 벗어나게 도와준다. 아나하타 차크라는 가슴 부위에 있으며, 스스로를 사랑하는 것은 물론, 다른 사람들까지 이해하고 사랑할 수 있게 도와준다. 이 차크라가 열리면 온전한 사랑, 고차원의 사랑을 실천하게 된다. 마니푸라 차크라는 배꼽에 자리하고 있는 차크라로서 의지력과 자존감과 관련이 있다. 에너지 발전소 정도로 보면 이해가 쉬울 것이다. 스와디스타나 차크라는 신체의 치골, 하복부 주변에 자리하고 있는데, 섬세함과 직관력을 강화해주며 순수한 욕망을 가지도록 이끈다. 척추 기저부 골반의 저근에 자리하는 물라다라 차크라는 신체적, 정신적으로 도움을 주며 몸을 보호한다.

차크라는 맡고 있는 저마다의 역할과 사명이 다르다. 우리는 차크라가 각성할 시 회전하는 에너지뿐만 아니라 각 차크라의 빛과 소리, 진동까지 느낄 수 있다. 그런데 많은 사람이 차크라가 마음을 열고 의식을 깨우는 에너지 센터라는 걸 잘 알지 못한다. 그러다 보니, 그저 높은 정신적 영역으로 올라가고자 하는 명상 도구 정도로만 활용된다. 아버지 창조주께서는 차크라에 사람의 마음이 열리고 의식이 깨어나는 통로가 있다고 말씀하신다. 사람마다 깨어나는 통로가 다르다는 뜻이다. 누구는 머리로, 누구는 눈으로, 또 누구는 마음으로, 또 입으로 그리고 나눔과 교감으로 깨어난다. 각 차크라가 보내오는 메시지를 이해하고, 그것에 대한 믿음이 있으면 쉽고 빠르게 의식을 깨울 수 있다. 각 차크라에 부여된 사명에서 그 메시지의 의미를 알아볼 것을 조언한다.

"스스로 깨어나기를 게을리하는 너희를 지켜보고 있는 것이 참으로 안타깝고 목마르다."

이 메시지에서는 인류를 생각하고, 염려하는 아버지 창조주의 마음이 그대로 묻어난다. 이제는 각자 담대한 믿음을 갖고 어둠과 두려움의 포장을 벗겨내야 한다. 그리하여 더는 늦지 않게 의식을 깨워야 한다. 영적 성장을 통해 신성을 회복해야 한다.

마지막으로 아버지 창조주께서는 인간의 마음속에 심어놓은

7개의 차크라가 당신의 아들인 나를 위해 특별히 마련하신 선물이라고 하셨다. 때가 되면 깨어난 이들이 나를 중심으로 힘을 모으게 된다는 것이다. 그들의 전생과 전 전생 그리고 우주와 연결된 모든 존재, 물질과 비물질까지 나의 영적 전쟁에 합류할 것이라고 하셨다. 아버지의 말씀처럼 나는 깨어난 우주의 모든 존재와 힘을 합쳐 영적 전쟁에서 반드시 승리할 것이다. 그리고 내가 있어야 할 본래의 자리로 돌아갈 것이다.

37

영적 성장을 방해하는
시간과 형태와 모양은 모두 다르다

[2024년 1월 20일]

영적 성장을 방해하는 시간과 형태와 모양은 모두 다르다

인간들의 욕심을 이용하는 여러 가지 것들…,

너희들이 갖고자 원하고 욕심부리는 것들을

경계해야 함을 알려주겠다.

너희들의 삶에 이미 깊숙이 들어와 있는 어둠의 존재들이 있다.

이들의 전생과 전 전생의 사악한 유전자 DNA는

종교와 다른 것들로 사람들의 마음을 훔치고 교란시켰다.

그들의 삶은 현재로도 이어진다.

이들은 종교 시설만큼이나 엄청난 브랜드를 만들고

그것으로 사람들, 즉 너희 인간들을 유혹한다.

무지몽매한 너희들은 종교 다음으로

그것들에 마음을 빼앗기고 현혹되었다.

그들은 피라미드에서 보호되어야 할 것들을 훔쳐냈다.

그것을 모티브로 브랜드라는 것을 만들어 종교인 양 너희의 마음을 훔쳤다.

그들의 전생, 전 전생의 선조들은

저급한 영이었으며 보호받지 못한 영들이다.

이들은 주체적이고 신성한 DNA가 연결되고

이어지는 존재들이 아니었음에도

그들의 종교, 즉 브랜드를 만들었다.

영적인 신성함을 흉내 낸다 하여

이어질 수 있는 것들이 아님을 모르고

어리석게 이어진 것들이라 생각하면 되겠구나.

그들은 피라미드에 넣어두었던 것들을 훔쳐

그들의 종교, 즉 브랜드로 만들었으며

그것을 기억하여 모티브로 활용하였다.

늘 이야기한다.

인간이 물질을 준비하고 모으는 것은

차원 상승에 근간하여 이루어져야 하는 것이다.

그들은 많은 부분 이것을 오래도록 방해했다.

인간은 그들의 상품, 즉 브랜드에 현혹되어

영적 성장에 돈을 쓰지 않고

그것에 마음을 빼앗겨 눈이 멀고 귀를 닫았다.

그러한 것들은 주변에 너무 많이 생겨났고

또 없어지고 진화한다.

이것은 기업 또는 브랜드의 합병과도

밀접한 관련이 있다 할 수 있겠다.

알아두어라!

그들이 영적 성장을 방해하는 시간과 형태와 모양은 모두 다르다.

그들은 인간, 즉 너희와 함께 더 빠르게 진화하고 발전했다.

그들은 가짜이므로 무언가를 흉내 내고 제작하여

인간의 마음속 깊숙이 들어가길 원한다.

하지만 인간 너희 스스로는 분명 이것을 경계할 수 있고

분별할 수 있는 고유의 신성이 존재함을 잊지 말아라.

그날이 다가온다.

그럴수록 저급한 영들의 후예들도

빠르게 깨어나고 빠르게 진화하며 빠르게 힘을 모은다.

그리고 더 깊숙이 다양한 방법으로

너희의 영적 성장을 방해하려 할 것이다.

깨어 있으라! 열려 있으라!

너희에게 보내놓은 나의 아들이 그것을 도울 것이다.

준비된 빛의 전사들이 함께하니,

볼 것을 보고, 알게 된다.

[슈카이브의 해석]

오늘 새벽 창조주께서 보내주신 메시지에는 영적 성장을 방해하는 것들을 경계하라는 뜻이 담겨 있다. 종교와는 별개로 '상품', '물건'을 그리하라는 의미다. 사람의 마음을 미혹해 영적 성장에 쓸 돈을 빼앗는다고 경계하라는 뜻이다. 우리가 사용하는 돈에는 시간, 마음, 기회가 담겨 있기 때문이다.

어둠의 세력들은 인간의 과시욕을 이용해 사람들의 재물을 빼앗으려 한다. 그들이 만든 SNS, 인스타그램과 유튜브 등은, 겉으로는 소통과 개인의 지식과 정보, 경험의 공유를 표방한다. 하지만 속셈은 사람의 마음을 미혹해 영적 성장을 방해하는 데 있다고 해야 할 것이다. 그러니 항상 자신의 탐심을 조심하고, 경계해야 할 것이다. 어떤 걸 말하는지 알겠는가? 대중이 마치 종교처럼 떠받드는 명품을 떠올리면 이해가 쉬울 것이다.

더는 물질에 마음을 빼앗겨선 안 된다. 더 늦지 않게, 지금부터라도 지구 멸망 전 영적 성장에 돈과 시간을 아끼지 말아야 한다. 아니, 그 정도로도 안 된다. 자신의 모든 것을 쏟아부어야 한다. 물질과 온 마음, 심지어 목숨까지 걸고서 해내야 하는 일이다. 그런데 이렇게 하는 게 말처럼 쉽지가 않다. 지구 멸망 때 인류의 3.5%만 살아남고 96.5%는 소멸하게 된다고 말하는 이유다.

차원 상승을 위한 가장 중요한 것 가운데 하나가 '의식 화폐'다. 우리는 영적 성장을 통해 의식 화폐를 천상계에 저축할 수 있다. 당신이 물질계의 삶의 체험을 통해 얻는 지혜와 깨달음이 천상계에서 돈과 시간으로 교환될 수 있다는 뜻이다. 의식 화폐가 천상계의 화폐라는 의미다.

아버지 창조주께서는 인간의 마음 안에 빛의 씨앗들을 심어 두셨다. 인간은 모두 '빛'이라는 원자로 이루어진 창조주의 자녀다. 하지만 사람들 대부분은 이것을 인식하지 못한 채 살아간다. 의식이 깨어 있지 않기 때문이다. 자기 안에 신성이 깃들어 있음을 알지 못하는 자는 인류 최후의 날에 버려지게 된다.

다음은 아버지께서 보내주신 메시지를 반복해 읽고, 생각하

면서 얻은 '깨달음'이다. 여러분의 깨어남과 신성 회복에 도움이
되리라 여겨 공유한다.

　첫째, 나는 빛으로 이루어진 창조주의 사랑스러운 자녀임을
기억한다.

　둘째, 그동안 육적인 관점(물질계)에서 생각하고, 말하고, 행동
했던 걸 통째로 바꿔, 영적인 관점(천상계)에서 생각하고, 말하고,
행동한다.

　셋째, 지금부터 명확하게 사고하고, 말하고 행동한다. 오감이
아닌 직감(영적인 감각)을 따른다.

　넷째, 소유하고 있는 모든 물질을 맡은 바 사명을 위해 사용
한다.

　다섯째, 하루 세 번 창조주와 가이아 어머니, 여러 신과 여러
천사, 은하연합의 천군들, 수많은 동물, 식물, 물질, 비물질에
감사함과 경외심을 가지고 기도한다.

38

상처를 준 사람들은 카르마를
정화하고 소멸시켜주었다

[2024년 1월 20일]

나에게 상처를 준 사람들에 대하여…

사람 때문에 상처받고 괴롭다 하였느냐?

그것 또한 마음의 정화, 카르마의 소멸이니라.

상대의 반응은 너의 마음의 반응이라 생각하면 되는 것이다.

분노했느냐?

그럼 분노를 꺼내어 버렸던 거였다.

돈을 잃었느냐? 그럼 빚을 갚은 거였다.

마음이 아팠느냐?

그럼 오래전 너 또한 그와 연결된 카르마로 인한

마음의 빚을 갚은 셈이다.

세상을 구하는 일은 그만큼 어려운 일이다.

너는 모든 악의 무리와 어둠의 존재를 멸하기 위해

노력했고 싸웠다.

오래전 네가 그랬고, 지금의 네가 그러하다.

모든 것들은 다 너의 카르마를 청산하는 일.

기쁘게 받아들이고 너의 길을 가거라.

깨어남에 기쁨이 있을 것이다.

[슈카이브의 해석]

지구는 미개척된 행성으로 보는 것이 정확하다. 그래서 순수하지 않은 저급한 영들이 체험을 통한 영적 성장을 위해 뒤섞여 살고 있다. 그들은 천상계에서 삶을 계획하고 지구에 육화했지만, 본래의 삶의 목적과 사명을 망각한 채 살고 있다. 그 결과 불나방이 불빛을 향해 달려들 듯 눈에 보이는 것만 좇는다. 서로 부대끼며 사는 삶 속에서 상대를 이용하고, 속이고, 상처를 주고, 해하는 일이 생기는 이유도 이 때문이다.

나는 20대 초반 시인이 되고 싶었다. 그냥 가벼운 마음으로 '되고 싶었다!'가 아니라 '너무나 간절히 되고 싶었다!' 시집을 내고 싶었고, 내 시들을 읽으면서 감성에 젖어 행복해하는 사람들을 상상만 해도 흐뭇했다. 시인이 되기 위해 3년 동안 매일 시를 한두 편씩 쓰려 노력했다. 그런 노력 끝에 〈충남일보〉 문학공모전에 '서울역'이 당선되면서 정식으로 시인이 될 수 있었다. 이외에도 여러 개의 문학상을 수상한 바 있다. 시인이 된 후 너무 행복했지만, 시를 쓸수록 내면에 우울함이 깃드는 걸 느꼈다. 시의 속성상 시 속에는 희망적인 내용보다는 절망적인 내용이 가득 차게 마련이다. 그래서인지 시를 쓰는 일이 나도 모르게 과거를 회상하는 작업이 되어버렸다. 나는 과거라는 우물에서 상처와 후회, 미련을 수도 없이 길어 올렸다. 시를 쓰면 쓸수록 외로웠고, 괴로웠다. 좌절과 절망의 늪에서 허우적거리게 되었다.

나는 고민 끝에 더는 시를 쓰지 않기로 했다. 그러곤 글쓰기로 방향을 전환했다. 글을 써서 작가가 되겠다는 열망을 품은 것이다. 나는 매일 고시원에서 라면으로 끼니를 때우며 글을 썼다. 하지만 어떤 전문가에게서도 글쓰기와 책 쓰기 기술을 배운 적이 없어 당시 내가 썼던 글들은 걸레와 같았다. 힘들게 쓴 원고를 일주일에 몇 번씩 출판사에 투고했지만, 돌아오는 건 정중한 거절뿐이었다. 그럼에도 불구하고 나는 내 꿈을 포기하지 않았다. 꿈을 포기하는 건, 더 나아지려는 나 자신을 스스로 포기하는 것과 같았기 때문이다. 나는 반드시, 기필코 책을 써서 작가가 되어야 했다.

나는 하루 두 끼를 안성탕면과 신라면을 끓여 먹으며 버텼다. 김치도 없이! 막노동해서 받는 일당으로 최소한의 생활비와 고시원 방값을 해결했다. 과장하지 않고 표현하자면, 정말 피를 토하는 심정으로 글을 썼다. 그럼에도 불구하고 500번 이상 출판사로부터 원고를 퇴짜 맞아야 했다. 희망과 좌절 사이를 오가며 내 인내심을 테스트받는 심정이었다. 갖은 고생 끝에 지금은 고인이 되신 바움출판사 이창훈 대표께서 나의 가능성을 알아봐주셔서 내 책 2권이 세상에 나오게 되었다. 《마음이 담긴 몽당연필》과 《꿈이 있는 다락방》이 그 책들이다. 그렇게 해서 나는 작가의 꿈을 이루었다.

작가가 되기까지 나는 보통 사람들은 상상도 할 수 없는 시련과 고난의 길을 걸어왔다. 그런데 작가가 되고 100권이 넘는 책을 쓴 후 글쓰기, 책 쓰기 코칭을 하면서 그동안의 시련이나 고난과는 비교도 안 되는 일들을 겪어야 했다. 이는 인간에게 상처를 주는 대상이 가장 가까이에 있는 사람들이라는 걸 깨닫는 계기가 되었다. 그동안 책을 쓰고 싶어 하는 수많은 사람이 나를 찾아왔다. 그들이 책을 쓰고자 하는 이유는 저마다 다양했다.

대체로 그들은 책을 써서 퍼스널 브랜딩 함으로써 경제적 어려움에서 벗어나고 싶어 했다. 책을 쓰며 가족과 주변 사람들에게서 받은 마음의 상처를 치유하고 싶어 했다.

그중 이런 여자 수강생이 있었다. 그녀는 신장이 다 망가져 죽음을 앞두고 있다면서 내게 간곡히 도움을 요청했다. 나는 그녀가 빠르게 책을 쓰도록 도와주었고, 물심양면 지원을 아끼지 않았다. 그렇게 의식을 변화시켜주자 그녀는 삶의 희망에 부풀었고, 물욕 또한 키우게 되었다. 그녀는 수많은 사람이 자신을 따르고 추종하자 자신에게 성공을 안겨준, 한때 스승이었던 나를 지목해 "여러분 주변에 참 때려주고 싶은 사람 한 명씩 있으시죠?", "독수리는 까마귀를 신경 쓰지 않는다", "키보드 워리어", "관심종자"라는 모욕적인 말을 서슴지 않고 했다. 그녀는 가장 힘든 인생의 순간에 나를 찾아왔고, 당시 내게 장문의 메일을 보냈었다. 만약 자신이 성공하면, 경제적으로 풍요로워지면, 힘들게 육체노동 하며 성노예로 사는 아프리카 소녀들을 위해 천막학교를 짓겠다, 그렇게 도움을 주고 싶다고 말이다. 그랬던 그녀가 최근 몇 년 동안 과연 어떻게 살아왔는가?

목사, 신부와 같은 종교 지도자들 역시 마찬가지였다. 나는 그동안 고위 공무원부터 현직 부장검사, 지구대 경찰관, 병원장, 세무사, 변호사, 현직 국회의원 수석 보좌관 등, 참으로 다양한 사람들을 가르쳐왔다. 그들을 교육하면서 나는 그들이 과거에 내가 겪은 시행착오를 되풀이하지 않기를 바랐다. 수업 때는 굳이 알려주지 않아도 되는 노하우들까지 전수해주었다. 이는 내가 글쓰기부터 책 쓰기, 1인 창업 방법, 퍼스널 브랜딩 방법까지 완벽하게 알고 있어서 가능한 일이었다. 그 결과, 내 제자들은 단 몇 개월 만에 책을 내고 1인 창업해 큰돈을 벌기 시작했다.

8년 전쯤 고시원 생활을 했던 이채희 작가가 나를 찾아왔다. 당시 그녀는 서른다섯 살이었고, 20대 때부터 자기 부모님의 사업 실패로 생긴 수억 원의 빚에 대한 이자를 내고 있었다. 당시 그녀는 자신이 가진 돈을 전부 투자해 내게 책 쓰기를 배웠고, 나를 만난 지 8개월 만에 부모님의 빚을 다 갚았다. 그런데 그녀가 과연 내게서 받은 은혜를 은혜로 갚았을까? 이와 같은 사례는 수백 건에 달한다. 내게 책 쓰기를 배운 사람들은 단기간에 본인들의 소망을 실현했다. 하지만 내가 영혼을 담아 전수한 귀한 것들을 있는 그대로 세상 사람들과 공유하지 않았다. 오로지 더 많은 물질, 더 높은 명예, 더 고급 인맥을 좇아 헤맬 뿐이었다. 그 과정에서 내가 반평생을 바쳐 깨닫고 믿어온 가치의 의미가 많이 훼손되었다. 이와 관련한 내용은 내 책과 유튜브 영상 등을 통해 밝혀온 만큼 알 만한 사람들은 다 알 것이다.

나는 제자들에게 코칭 비용 이상의 것을 베풀었지만, 그들은 그것을 인정하고 싶어 하지 않았다. 혹여 어떤 제자가 내 베풂에 기분이 좋아 '존경한다'라는 말이나 그런 메시지를 보내오면 그들은 그 제자에게 비난을 쏟아붓기 바빴다. 내가 그런 말을 들을 만큼의 자격이 없다, 존경받을 만큼 완벽한 사람이 아니다, 라면서 말이다. 나는 이런 말을 하는 사람들의 심리 상태를 잘 안다. 그 마음이 다 들여다보인다!

내가 가르쳤던 제자들에게 내가 바랐던 건 딱 다섯 가지다.

첫째, 의식이 전부를 결정한다. 의식을 바꾸면 현실이 바뀐다는 것을 사람들에게 알려줘라.

둘째, 내게 배운 것을 토대로 빠르게 이루었으니, 본인을 찾는 사람들에게도 똑같이 알려줘라.

셋째, 나는 사람을 변화시키는 일을 하고 있고, 나를 통해 그대가 변화되었고 삶이 달라졌다. 각자의 위치에서 작가, 코치, 상담가의 삶을 살며 세상에 선한 영향력을 펼치는, 서로 협력하는 관계가 돼라.

넷째, 처음 나를 찾아왔을 때 가졌던 간절함, 겸손함, 예의를 잃지 말고, 나로 인해 이루게 된 것들에 감사하는 마음을 가져라. 그러한 마음은 그대의 삶을 바르게 인도하는 나침반이 되어줄 것이다.

다섯째, 그대는 나를 통해 빠르게 작가, 코치, 상담가, 강연가 등의 꿈을 이루었다. 더 큰 욕심을 부리며 물질과 명예를 좇는 사람들과 같은 무리가 되지 마라. 결국은 나를 해하게 될 것이고, 본인을 해하게 될 것이기 때문이다.

사람들의 영은 대부분 순수성을 잃은 상태다. 그러다 보니, 그들은 자신의 소망 성취를 위해서라면 상대의 아픔, 슬픔, 고통, 괴로움 따윈 서슴없이 짓뭉개버린다. 상대가 자신의 욕망을 채워주리라 여겨지면 마치 입안의 혀처럼 굴며 그의 골수를 다 빼먹는다. 그러곤 단물이 빠진 껌을 버리듯 그를 아쉬움 없이 버려버린다. 사람들을 코칭하면서 나는 보람도 많이 느꼈지만, 그만큼 상처도 깊었다. 산이 높으면 골이 깊다고 했던가. 사람들을 상담하고 코칭하면서 나는 거듭거듭 자괴감에 시달렸다.

'이 일이 내게 주어진 사명인 줄로 아는데, 왜 이렇게 마음이 우울하고 행복하지 않을까?'

'왜 저들은 당장 눈앞에 보이는, 해선 안 될 행동을 할까?'

'한두 달 전만 해도 저런 사람이 아니었는데, 사람이 어떻게 저런 모습을 보이지?'

'저들에게도 다 자기 부모가 있고, 사랑스러운 아이들이 있을 텐데, 돈 때문에 지금 내게 하는 행동이 얼마나 나쁜 짓인지 왜 모르는 걸까? 그들 부모가, 아이들이 알면 뭐라고 생각할지 왜 헤아리지 못할까?'

나는 지금껏 1,200명의 제자를 단 몇 개월 만에 스스로 책을 쓸 수 있는 작가로 만들어주었다. 이 중 내 영혼에 생채기를 낸 사람들이 100여 명 정도 된다. 나는 그들의 이름을 모두 기억한다. 나를 모욕하고, 명예훼손하고, 심지어 회사까지 망치려고 했던 그들의 악행들을 모두 기억한다. 그것들은 나의 온몸 세포 하나하나에, 그리고 아카식 레코드에 기록되어 있다. 그들의 행위 자체도 그들의 온몸 세포와 아카식 레코드에 기록되어 있다. 그 가운데 내게 가장 치명적인 상처를 준 여자가 있다. 내가 그녀로부터 받은 상처를 떠올리고 있을 때 아버지 창조주께서 유리엘 대천사를 통해 말씀하셨다.

"사람 때문에 상처받고 괴롭다 하였느냐? 그것 또한 마음의 정화, 카르마의 소멸이니라."

최근에 나는 천상계로부터 이런 메시지를 받았다. 아버지 창조주께서는 내게 가장 큰 상처를 준 그 여자가 이미 천상계에서 삭제되었다고 하셨다. 카르마로 인해 그녀의 아이들에게도 이미 징벌이 내려졌다는 것이다. 그 여자는 이미 자신이 죽으면 어디로 가게 될지 스스로 자신의 책에다 밝혀두었다고 하셨다. 나를 모방하면서 자꾸 나를 괴롭혔던 어떤 남자 코치의 미래에 대해서도 알려주셨다. 유리엘 대천사는 그가 곧 '삭제'될 거라고 말했다. 여기서 삭제는 '죽음'을 의미한다. 그러고 보니 요즘 그의 얼굴색이 어두어진 듯하다. 아버지께서는 내게 그들은 그들 나름대로 어둠의 세력에 의한 나의 카르마를 소멸시켜주는 사명을 다했다고 하셨다. 그러니 더는 과거를 회상하지 말고 내 사명만 생각하라고 하셨다.

"모든 것들은 다 너의 카르마를 청산하는 일. 기쁘게 받아들이고 너의 길을 가거라."

나는 아버지께서 말씀하신 대로 이행할 것이다. 그동안 부주의적 맹시에 빠져 나를 힘들게 했던 그 사람들이, 궁극적으로는 나의 카르마를 청산해준 고마운 사람들이라 여길 것이다. 당시에는 너무 힘들고, 괴롭고, 억울하고, 고통스러웠다. 하지만 그들 덕분에 나는 단기간에 내 카르마를 정화, 소멸시킬 수 있었다. 그 결과, 지금처럼 내가 빠르게 깨어나 내 사명을 기쁘게 받아들일 수 있게 된 것이다.

나는 내게 상처를 준 그들을 축복하기로 했다. 내가 축복한다고 해서 그들이 그동안 저질러온 악행들이 정화되거나 소멸하지는 않는다(그들이 한때 스승이었던 내게 그리할 정도면 얼마나 많은 사람에게 말과 글로써 상처를 주었을까! 생각만 해도 끔찍하다!). 혹자는 "그들이 김도사님께 사과한다면 받아주실 건가요?", 이렇게 물을 수도 있겠다.

그러면 나는 이렇게 말할 것이다. "그들은 이번에도 계산된 사과를 할 것이고, 진심은 담기지 않았을 것이다! 진심으로 뉘우치고 사과한다면 받아주고 용서하는 게 당연할 것이다. 하지만 그렇지 못한 자의 사과는 받지 않음이 합당하다. 과거에는 그들을 알았지만, 지금의 나는 그들을 알지 못한다. 그 누구도 자신이 알지 못하는 자가 하는 사과를 받아줄 수는 없는 노릇이다. 용서 또한, 자신이 아는 자가 할 때 해주는 것이다.

그들은 곧 있을 지구 멸망 때 영혼의 블랙홀로 빨려 들어가 무(無)로 흩어질 것이다. 혹 지구 멸망 전에 육신을 벗고 사후세계로 넘어간 영이 있다면, 얼마간 자신의 관념대로 '천국과 지옥'을 체험하다가 지구 멸망 때 천사들이 부는 나팔소리에 따라 지구 행성으로 소환될 것이다. 이때 《성경》에 예언된 대로 재림예수는 아버지 창조주의 뜻에 따라 그들을 심판하게 될 것이다. 그때가 되면 그들 스스로가 자신이 어디로 가게 될지 알 것이다. 육신의 옷을 입고 있는 지금의 그들은 잘 모르겠지만 그들의 영은 정확하게 알고 있기 때문이다.

마지막으로 과거의 나처럼 사람들 때문에 마음에 상처를 입은 이들에게 하고 싶은 말이 있다. 다음 문구를 여러 번 반복해 읽고, 생각하고, 깨닫기 위해 노력해보라. 어느새 마음을 괴롭히던 상처에서 벗어난 자신을 보게 될 것이다.

"마음이 아팠느냐? 그럼 오래전 너 또한 그와 연결된 카르마로 인한 마음의 빚을 갚은 셈이다."

39

카르마의 질량보존법칙에 대하여

[2024년 1월 21일]

카르마의 *질량보존법칙에 대하여
카르마는 시간과 공간 너희의 과거와
현재, 미래가 모두 이어져 있다고 할 수 있겠다.
그것으로 인해 너희는 윤회하고
또 업장을 소멸한다는 말을 하는 것이겠구나.
열심히 기도하고, 소원을 구하였는데
내가 아닌 다른 사람에게 소원한 것이 가는 경우가 있었다.
그것이 카르마의 소멸, 즉 업장 소멸이라 생각하면 되겠구나.
카르마, 즉 업은 전생과 전 전생

그리고 시간과 공간 모두에 연결이 되어 있고

상호작용을 하게 된다.

그것을 이해한다면 기도에 대한 응답이 원하는 때에

이루어지지 않는다, 하여 슬퍼하거나

신을 모욕하는 일이 적어지겠구나.

너의 기도는 이미 이루어지고

응답을 받는 중이라 생각해도 좋겠다.

너의 기도는 시간과 공간을 초월하여

현생의 너와 연결된 전생의 너 그리고 그 속의

너에 대한 카르마를 해소 중인 것이 되겠구나.

공급의 카르마도 마찬가지다.

누가 더하고 누가 덜한 것에 대한 생각은 하지 않는 것이 좋겠다.

카르마 또한 너의 전생과 전 전생

그리고 현재와 미래에 이르기까지

질량보존법칙에 의하여

소멸되고 나누고 베푸는 것이 되겠구나.

기도하지 않는 자가 복을 받았다고 여겨지느냐?

그는 전생과 전 전생에 기도하였다.

그럼에도 불구하고 너희가 마음과 뜻을 모아

진심으로 기도하고

영적 성장을 이뤄야 하는 것은
이곳에서의 풍요로움을 원한 것이 아님을 알았으면 좋겠구나.

[슈카이브의 해석]

오늘 아버지 창조주께서 유리엘 대천사를 통해 보내주신 메시지 내용의 뜻이 너무나 와닿았다. 문장 하나하나가 시적으로 표현되어 있었다. 형언할 수 없을 만큼 멋있게 느껴졌다. 그래서 내가 물었다.

"유리엘, 당신은 직업이 작가입니까? 신비주의가입니까? 엄청난 분이십니다."

그러자 유리엘 대천사는 이렇게 답했다.

"전생에 네가 썼던 표현이다. 현재 너에게 다 '탑재'되어 있는 능력이다."

유리엘 대천사의 이 말은 순간 내게 어떤 사실 한 가지를 떠올려주었다. 또 다른 차원의 나였던 2천 년 전 예수께서도 시인이었다는 사실 말이다. 예수께서는 비유와 은유를 사용해 복음을 전파했다. 나도 사람들과 대화거나 강의할 때 주로 비유와 은유를 써서 내 말을 전달하는 편이다. 이는 전생에서부터 이어진 예수의 영적 DNA 때문이다.

나는 그동안 죽을 만큼 힘들게 노력하고 고생한 끝에, 누구나 빠르게 책을 쓸 수 있도록 해주는 방법을 터득했다. 그리고 내지식과 경험, 노하우를 이용해 돈을 버는 비결을 알게 되었다. 과거 돈 때문에 누구보다 비참한 삶을 살았던 나는, 숱한 시련 속에서 알게 된 이 비결을 활용해 자수성가 부자가 될 수 있었다. 그리고 과거의 나 같은 사람들의 의식을 변화시켜 의식적 가난, 물질적 가난에서 벗어나도록 해주었다.

내게서 직접 코칭받은 사람들은 내가 어떻게 가르치는지 잘안다. 내 영혼을 담아 가르치기 때문에 제자들 거의 전부가 3개월 정도 만에 자신의 이름으로 된 책을 써낸다. 그렇게 내게서 배울 만큼 다 배우고선 나한테 치유가 안 될 만큼 깊은 상처를 준 사람들이 많았다. 그들은 포털사이트나 유튜브에서 불특정 다수를 대상으로 나를 곡해하거나, 내가 운영하는 회사의 명예를 훼손하곤 했다. 혹자는 의식 성장, 영적 세계에 대해 강의하는 사람이 그 정도도 극복하지 못하냐고 비아냥거릴 수도 있을 테다. 사실은 이런 사람들이 생각보다 많다. 이 지면을 빌려 말하지만, 나도 인간으로 육화해 사는 만큼 여러분과 별반 다르지 않다는 것을 이해해주길 바란다. 나도 누군가가 때리면 아프고 상처를 받는 인간이란 말이다.

아무리 많은 시간이 흘러도 완전히 낫지 않을뿐더러 피고름이 멈추지 않는 상처들이 있다. 나 또한 그랬다. 내가 진심으로 물심양면 도와줬는데…. 피를 나눈 내 형제, 부모보다 더 잘되기를 바라며 가르쳐왔는데…. 이런 생각들이 떠오를 때면 너무나 억울한 심정이 되곤 했다. 어제 오후에도 '이런 생각'을 하고 있는데(나에게 상처 줬던 사람들, 그 행동들을 모두 기억하고 있을뿐더러 이름도 모두 기억한다), 내가 자꾸 과거의 일 때문에, 상처 때문에 힘들어하는 것을 아신 아버지께서 앞서 공개한 메시지를 보내주셨다. 나에게 너무나 깊은 상처를 준 사람의 전생에 대해서도 알려주셨다. 그리고 그의 미래도 어떻게 될지 말씀해주셨다. 오늘 아버지께서 내게 보내주신 메시지에 담겨 있는 뜻을 이해하고 받아들인다면 당신의 삶이 한결 가벼워질 것이다. 그런 만큼 의식 성장, 영적 성장에 더욱 집중할 수 있을 테고.

지금까지 수많은 예언가가 지구 멸망을 예언해왔다. 어떤 예

255

언들은 그대로 적중했고, 어떤 예언들은 아직 이루어지지 않았다. 과거 예언자들의 지구 종말 예언은 현재 진행형이라고 보면 된다. 안타깝게도 사람들이 부주의적 맹시에 빠져 느끼지 못할 뿐이다. 현재 지구의 전체 카르마는 더없이 무거워졌다. 가이아 어머니께서는 아들인 나에게 지구 멸망이 몇 년 남지 않았다고 알려주셨다. 몇 년 안에 지구가 생겨난 이래 가장 큰 재앙이 닥칠 거라고 하시면서.

진심으로 말하건대 속히 깨어나야 한다. 신성을 회복해야 한다. 지금 인간들이 쫓고 있는 물질과 쓰고 있는 화폐는 진정으로 실재하는 것들이 아니다. 머지않아 사라질 것들이다. 헛것이다. 이러한 것들을 위한 기도를 하거나, 이런 것들을 끌어당겨선 안 된다. 우리가 자연스레 빛을 향하고, 진리를 찾으며 행하는 이치와 같다.

이번 지구 멸망 때 96.5%의 인류가 소멸할 것이다. 신성을 회복한 자들은 안전하게 살아남아 새 예루살렘, 새 지구 타우라에서 4차원의 삶을 살게 될 것이다. 그동안 지은 죄가 많은 데다 에고로 가득 찬 사람, 의식 성장에 힘쓰지 않은 사람들에겐 더는 갱생의 기회가 주어지지 않는다. 이번 지구 멸망 때 윤회의 법칙이 사라진다는 것을 기억해야 한다.

40

공통의 기도와 부주의적 맹시에 관하여

[2024년 1월 22일]

공통의 기도와 부주의적 맹시에 관하여

공통의 기도가 주요한 사유는

공통의 카르마를 해소해야 하는 것과 닿아 있다.

너희 인류는 오래전 너희의 전생과 전 전생에 이어

공통의 카르마로 연결되어 있으며 이어져 내려왔다.

그 시간과 공간에 연결되어 있는 것은

인종을 초월하고 공간도 초월한다.

기도하는 순서와도 연결되어 있음을 알아야 한다.

각 개인의 카르마보다 앞서 정화하고 해소해야 하는 것이 공통의 카르마다.

그것을 위해 기도하는 것이 먼저라 할 수 있겠다.

그 이유는 오래전 너희에게 기도문을 통하여 알게 했다.

그 이유를 생각해본다면 알 수 있게 될 것이다.

너희 주변의 모든 물질과 비물질이 보내온

특별한 사인을 흘려보내선 안 된다.

이것 모두가 너희의 힘을 모으기 위한 사인이며

즉, 너희를 깨우고 살리기 위한 사인이기도 하다.

잊지 말아라!

창조주께서는 사랑으로 너희를 만드셨고,

사랑하는 당신의 자녀들이

새로운 세상으로 안전하게 돌아오길 원한다.

신들은 너희의 삶에 적극적 개입도 어렵고

또 그리하여서도 안 된다.

그러므로 너희 스스로 깨어날 수 있도록

도와주는 많은 것들을 배치해두었다.

그것은 비단 물질에 국한하지 않았다.

너희가 깨어나길 원하고 바라면 보일 것이다.

이미 모든 준비는 마쳤다.

바라건대, 어서 깨어나라!

볼 것을 보고, 빛을 향해 모여라.

기도하라. 개인을 위한 물질적 기도가 아니다.

너희와 닿아 있는 물질과 비물질

그리고 시간과 공간 안에 존재하는 모든 것들이

함께 깨어나 너희를 돕도록 기도하라.

진심을 다해 마음을 모아라.

그리하면 모든 것들을 보게 되고

비로소 너희를 돕게 될 것이다.

[슈카이브의 해석]

메시지가 잘 이해되지 않는 분들을 도우려 간략하게 설명하려고 한다.

기도할 때 개인의 카르마를 정화하고 해소하려는 목적을 제일 우선해 기도해선 안 된다. 가장 먼저 해야 할 기도는 국가와 단체, 나 자신과 연결된 수많은 사람의 카르마 정화와 해소에 대한 기도다. 현재 지구의 카르마가 더는 견딜 수 없을 만큼 무거워진 것은 대의(국가, 단체, 타인)보다 개인 위주로 생각하고, 말하고, 행동했기 때문이다. 지금은 지구가 멸망을 앞둔 상황인 만큼, 그동안 해왔던 순서의 반대로 기도해야 한다.

여러분에게 도움을 주기 위해 아버지께서 나에게 개인적으로
보내주신 '기도의 순서'를 공유한다(기도의 순서를 암기하면 어느 순간 자
동으로 그렇게 기도하게 됨).

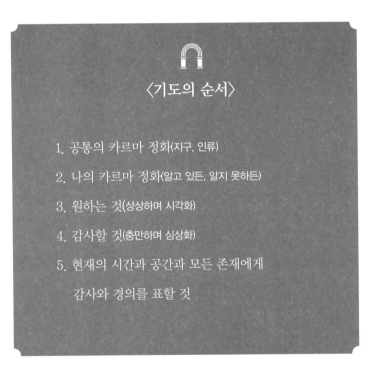

〈기도의 순서〉

1. 공통의 카르마 정화(지구, 인류)

2. 나의 카르마 정화(알고 있든, 알지 못하든)

3. 원하는 것(상상하며 시각화)

4. 감사할 것(충만하며 심상화)

5. 현재의 시간과 공간과 모든 존재에게
   감사와 경의를 표할 것

아버지께서는 거듭거듭 "깨어 있으라"라고 말씀하신다. 잠들어 있는 의식이 깨어나야 당신 주변의 모든 물질(시계, PC, 가방, 책상, 건물, 간판 등)과 비물질(마음, 정신, 관념, 생각 등)이 보내오는 특별한 시그널(신호)을 알아차릴 수 있기 때문이다.

한 가지 예를 들어보겠다.

여러분이 카페에 앉아 누군가와 이야기를 나누고 있다고 하자. 그런데 갑자기 환시를 겪거나 환청이 들리거나 아니면 반복해 특정한 숫자, 즉 '엔젤넘버'가 눈에 들어온다면? 그때는 그것이 암시하는 시그널을 알아차려야 한다. 자주 특정 숫자, 즉 111, 222, 333과 같은 숫자가 눈에 띈다면 그것은 결코 우연이 아니다. 수호천사들이 곁에서 메시지를 전해주고 있다고 보면 된다. 보고자 하고, 알고자 하면 자연스레 보게 되고 알게 된다.

여러 신이 인간의 마음에 환란의 날에 살아남을 수 있도록 빛의 씨앗을 심어두었다. 이는 '깨어 있는 자', '깨어나길 진심으로 바라는 자'만 알아차릴 수 있다. 또한, 재림예수가 지구 멸망 때 알곡과 쭉정이 추수 시 구별할 방안의 하나이기도 하다.

여러분 주변의 모든 것들(사람, 동물, 식물, 곤충, 시간, 공간, 물질, 비물질)이 여러분이 깨어나도록 계속 신호를 보내고 있다. 그것을 알아차리는 것은 여러분의 몫이다. 결코, 신들과 천사들은 인간의 삶에 개입할 수도 없고, 개입해서도 안 된다. 창조의 법칙에 위반

되기 때문이다. 더 늦지 않게 생각을 다하고, 마음을 다하고, 뜻을 다하고, 온 힘을 다해 깨어나도록 힘써라! 반드시 신성을 회복해야 상승의 그날 영생을 얻을 수 있다.

41

모든 시간과 공간, 물질과 비물질에도
사명이 있다

[2024년 1월 23일]

모든 시간과 공간과 물질과 비물질의 사명에 관하여…

사명을 수행하는 일이 엄청나게 어려운 일이라 생각하느냐?

특별한 사람에게만 이르는 특별한 무엇이라 생각하느냐?

사명은 그런 것이 아니다.

사명은 너희 인간에게만 존재하는 것이 아니다.

모든 시간과 공간과 물질과 비물질에도 각자의 사명이 있는 것이다.

하늘의 비는 내려 땅을 비옥하게 하는 것이 사명이다.

아내는 밥을 지어 가족의 건강을 돌보고 이롭게 하는 것이 사

명이며

남편은 가족을 돌보고, 사회에 공헌하며, 깨어나는 것 또한 사명이라 할 수 있겠다.

모든 물질과 비물질 그리고 감정과 생각도 각자의 사명이 있다.

이 모든 것을 선순환의 원리라 생각하면 좋겠구나.

모든 시간과 공간과 물질과 비물질이

빛을 발하게 하는 것도 커다란 사명,

대의에 조력을 다하고 그를 쫓아 빛에 이르기를 도와준다면

그것은 사명으로 이르는 커다란 공헌이라 할 수 있겠다.

어둠과 시련, 고난이라 하여 그것들의 사명이 없겠느냐?

그들의 사명은 훈련이고,

지혜와 깨달음의 씨앗으로 깨우고

거름이 되어 의를 이롭게 하는 것이 사명일 수 있겠다.

세상의 모든 것은 사명대로 이르기를 명하였고,

각자의 역할에 따라 사명을 수행하고 있는 것이라고 생각하면 되겠구나.

떠난 것을 슬퍼할 필요가 없다.

잃는 것을 안타깝게 여길 필요가 없다.

상처와 실망과 좌절을 탓할 이유도 없다.

이 모든 것은 각자의 사명을 수행한 것뿐이고,

카르마를 해소하고 정화한 것뿐이니라.

기도하라, 그리고 감사하라!

[슈카이브의 해석]

특별한 사람에게만 '사명'이 주어지는 것은 아니다. 우주에 존재하는 모든 것들에는 각자의 사명이 있다. 사람들은 흔히 인간에게만 신으로부터 부여받은 사명이 있다고 믿는다. 하지만 이는 착각이다. 우주에 존재하는 모든 것들, 동물, 곤충, 식물, 산과 바다, 강, 나무, 바위, 돌멩이 하나하나에까지 각자 주어진 사명이 있다. 심지어 시간과 공간, 생각, 마음도 사명을 수행하는 중이다.

사람들은 시련과 고난에 처할 때 좌절감과 절망감을 느끼게 된다. 시련과 고난의 사명은 훈련이다. 지혜와 깨달음을 얻도록 인간을 도와주기 위해서다. 인간을 더욱 단단하게 만들어주고 성장시키기 위한 것이다.

존재하는 모든 것들은 성장통을 겪는다. 대나무가 높이 자라기 위해 '마디'라는 고통을 견디는 것처럼 말이다. 만약 대나무에 마디가 없다면 얼마 자라지 못해 쓰러지고 말 것이다.

눈에 보이는 모든 것들, 눈에 보이지 않는 모든 것들 모두 사명을 감당하고 있는 중이다. 그러니 잃어버린 것에 대해, 떠난 것에 대해 슬퍼해선 안 된다. 나에겐 내가 스물여덟 살 때 갑자기 세상을 떠난 아버지, 서른세 살에 예지몽을 꾼 후 갑작스레 떠나보낸 여자 친구가 있다. 이들 두 사람을 생각할 때면 너무나 괴롭고, 고통스러웠다. 하지만 지금의 나는 알고 있다. 아버지 창조주의 말씀처럼 각자 자신의 역할을 다하고, 사명을 마치고 '때'가 되어 떠난 것임을. 나는 그 두 사람의 죽음을 결코 헛되이 해선 안 된다는 걸 잘 안다.

누군가로 인해 받은 상처, 실망, 좌절을 탓할 이유도 없다. 그로 인해 본인은 자신을 훈련하고, 지혜와 깨달음을 얻을 수 있었기 때문이다. 또한, 카르마를 해소하고 정화할 수 있었기 때문이다. 《성경》에 보면 예수께서 "한 알의 밀이 땅에 떨어져 죽지 아니하면 한 알 그대로 있고 죽으면 많은 열매를 맺느니라"라고 하셨다. 인간과 동물, 식물, 물질, 비물질 모두 자기 역할을 다하고 나면 원래 있던 곳으로 회귀하게 된다.

이처럼 우주 만물은 각자의 자리에서 각자의 사명을 수행하고 있다. 다만 인간들만이 대부분 아직도 자신의 사명을 찾지 못하고 있다. 머지않아 환란의 날이 닥칠 것이다. 그때 사명을 찾아 행한 자와, 찾으려고도 하지 않았을뿐더러 찾았음에도 행하지 않은 자는 백과 흑처럼 선명하게 갈릴 것이다.

　기도하고 감사하라! 그동안 자신에게 다가왔던 모든 것들, 다가올 모든 것들에 대해….

42

빛의 전사들이여,
더는 사명 앞에서 비겁하지 마라

[2024년 1월 24일]

마음과 에너지 파장을 모으는 것에 관하여…

인류와 지구의 모든 물질과 비물질에는

고유의 에너지 파장이 있음을 알고 있을 것이다.

인간 너희에게만 전생과 전 전생이 존재하는 것은 아니다.

존재하는 모든 것에는 윤회의 카르마가 있고,

각기 다른 에너지가 흐른다.

그들 모두의 에너지에는 각자 다른 주파수가 있고

이들이 비슷한 것을 향해 모이도록 만들어 두었다.

너희들이 말하는 끌어당김이라고 표현해 주는 것이 맞겠구나.

상승의 그날,

모든 물질과 비물질 또한 너희의 인도를 도울 것이다.

빛의 전사들이 깨어나는 것과 마찬가지로

모든 동물과 식물, 물질과 비물질 또한 깨어나기 시작했다.

그들 또한 깨어나 그들의 카르마를 정화하고

상승의 그날 자신의 고유 에너지로 도울 것이다.

길가의 돌 하나, 흔들리는 꽃과 풀 한 포기 쉬이 여기지 마라.

그들도 그들 나름으로 카르마를 정화하고 있고

그날을 준비하여 에너지를 모으며, 빠르게 깨어나고 있다.

무지몽매한 인간들보다, 오히려 현명하고

멋진 빛을 발하는 존재가 될 수 있음을 깊이 생각해야 할 것이다.

모든 것들이 깨어나고 있다.

빛을 인지하고 있다.

빛의 전사들이여 그들의 깨어남을 도우라!

더는 너희의 사명 앞에서 비겁하지 말지어다!

너희들이 빛으로 깨어나 사명을 다하는 순간,

모든 물질과 비물질, 숨 쉬는 공기마저도

함께 깨어나 그들의 에너지로 도울 것이다.

그것이 우리 신들의 설계이며,

최고의 계획이라 봐도 좋겠구나.

깨어나라! 빛을 향해 모여라!
그날의 멋진 상승을 기대하며 사명을 다하라!
준비된 너희의 상을 받으라!

[슈카이브의 해석]

아버지 창조주께서는 나에게 다음 3가지를 말씀해주셨다.

첫째, 인류를 비롯해 모든 물질과 비물질에는 고유의 에너지 파장과 다른 주파수가 있다는 것.

둘째, 존재하는 모든 것은 윤회하며, 그에 따른 카르마가 있다는 것.

셋째, 지구 멸망, 상승의 그날에 자신의 고유 에너지를 갖는 동물과 식물, 물질과 비물질 모두 깨어나 깨어난 자들의 상승을 도우리라는 것.

인간과 동물에게만 고유의 에너지가 있는 것은 아니다. 지구에 존재하는 모든 물질과 비물질에도 고유의 에너지가 있다. 그들은 각기 다른 주파수와 고유한 에너지 파장을 갖는다. 주파수

270

와 에너지 파장은 비슷한 것을 향해 모이게 되어 있다. 같은 에너지 파장이 반응하면서 서로 끌어당기는 것이다. 끌어당김 법칙의 작동 원리를 적용해보면 이해하기 쉬울 것이다.

현재 지구는 차원 상승을 앞두고 있다. 바로 코앞에 와 있다고 해도 과언이 아니다. 매일같이 하루에도 몇 차례씩 지진, 화산 분출과 같은 징조가 나타나고 있다. 여러 신이 계획된 지구의 차원 상승의 그날을 위해 인간의 마음에 빛의 씨앗을 심어두었다. 그리고 동물과 식물, 물질과 비물질에까지 그날이 도래하기 전 깨어날 수 있도록 각각의 고유 에너지가 흐르게 해두었다. 인간이 반복해 윤회하며 카르마를 정화하고 소멸시켰듯이, 그들 또한 그리한다.

동물과 식물, 물질과 비물질 모두 각자의 위치에서 쉬지 않고 상승의 그날을 준비하며 에너지를 모으고 있다. 아무도 거들떠보지 않는 풀꽃, 길가에 서 있는 가로수, 사람들 발에 치여 굴러다니는 돌멩이 하나도 사소하게 여겨선 안 된다. 그것들 모두 상승의 그날을 위해 각자의 카르마를 정화하고 소멸시키려 애쓰고 있기 때문이다. 인간들과 달리 그것들은 온 힘을 다해 깨어나려고 몸부림치고 있기 때문이다.

아둔한 인간들은 지구의 시대가 끝나가는 지금도 여전히 향락과 물질 숭배에 젖어 있다. 더 많은 부를 쌓기 위해 자기계발을

하고, 스펙을 쌓고, 주식 투자, 부동산 투자를 한다. 심지어 남들의 눈에 피눈물을 내면서까지 그들의 돈을 갈취하고 있다. 그들은 종교시설을 찾아 기도하고, 찬송하고, 예배를 드리면서 지구 멸망 때 자신이 믿는 신이 자신을 구원해줄 거로 맹신한다. 아직도 그들이 믿는 종교의 신이 만들어진, 조작된 신이라는 걸 깨닫지 못하는 것이다.

현재 지구에는 천상계에서 내려온 헤아릴 수 없을 정도로 많은 천사들이 있다. 이들은 인류의 의식을 깨우기 위해 온 힘을 쏟고 있다. 동물과 식물, 물질과 비물질 역시 마찬가지다. 하지만 인류는 오랫동안 어둠의 세력들이 장악한 교육과 종교, 정치에 세뇌당해 깨어날 의지조차 상실한 상태다. 오히려 먼저 깨어난 자들과 깨어나려 애쓰는 자들을 조롱하고, 모욕하고, 상처를 주기까지 한다. 그러면서 그들의 신성 회복을 방해하고 있다. 부주의적 맹시에 빠진 그들은 자신들의 신성을 망각해버렸다. 그리하여 식물보다 더 못한 저급 영으로 전락하고 말았다.

이런 시대에 내가 한반도에 육화한 데는 이유가 있을 터. 바로 창조주의 아들로서의 사명을 감당할 자이기 때문이다. 만약 창조주께서 다른 이에게 내게 주신 사명을 맡겼다면 어떻게 되었을까? 분명 부모와 형제, 친척들, 친구들, 직장 동료 등 주변 사람들의 눈치를 보느라 주저하며 사명을 완수하지 못했을 것이다. 나처럼 유튜브 채널에 얼굴과 신분을 모두 공개하지 못했을 것이다. 담대하게 창조주께서 보내신 메시지를 전달하지 못했을 것이다. 단언컨대, 범 앞에서 덜덜 떨고 있는 사슴 같은 모습을 보였을 것이다. 나는 아버지께서 내게 주신 잔(사명)을 피하지 않고 단숨에 마셨다. 나의 영은 알고 있다. 내 사명을 위해 지금 이 시대에 내가 한반도에 태어났다는 걸.

나는 그동안 아버지 창조주로부터 받은 메시지에서 나를 향한 아버지의 염려와 걱정, 사랑을 느낄 수 있었다. 지구를 관장하시는 가이아 어머니께서도 같은 심정이다. 그동안 인류는 수많은 윤회를 했음에도 배움이나 깨달음을 얻지 못했다. 만약 그랬다면 지금처럼 인류가 간악하지도, 지구가 훼손되거나 오염되지도 않았을 것이다. 대신 인류의 마음은 순수함, 선함, 사랑과 인류애로 가득 찼을 것이다. 씨를 뿌리면 싹이 트듯이 모든 결과에는 원인이 있다. 바로 인과의 법칙이다. 곧 있을 지구의 극이동과 멸망은 이 인과율에 근거한다. 또한, 이것은 장차 차원 상승의 그날, 건져낼 자와 버릴 자를 구분하는 잣대가 될 것이다.

빛의 전사, 빛의 일꾼들은 사명 앞에서 비겁해져선 안 된다. 우리는 지구 멸망 전에 완수해야 할 사명을 위해 지구별에 육화했다. 그러므로 각자 맡은 역할과 사명에 따라 움직이면 된다. 아버지 창조주를 믿고 담대하게 행동하면 된다. 지구 멸망, 상승

의 그날에는 동물과 식물, 물질과 비물질, 숨 쉬는 공기마저도
그것들의 고유 에너지로 우리를 도울 것이다. 승리는 이미 전제
된 것이다.

43

끌어당김은 반응이다

[2024년 1월 24일]

끌어당김을 아느냐?

끌어당김은 단순히 끌어당김이 아니다.

끌어당김은 반응이다.

너희가 생각하든 생각하지 않든

시간과 공간과 모든 물질과 비물질을 망라하여

만들어놓은 어떤 반응이다.

이것의 원리를 이해하면

너희의 삶과 사명이 정확해지고 분명해지고 깊어지며

감사함으로 연결될 것이다.

[슈카이브의 해석]

많은 사람이 우주의 원리에 관한 책이나 유튜브 영상들을 보고는 끌어당김의 법칙을 실천하고 있다. 그들은 끌어당김이 자신이 바라는 것을 상상하는 것이라 믿는다. 하지만 이는 착각이다. 그들은 끌어당김의 법칙을 바르게 이해하지 못하고 있는 셈이다. 단순히 자신이 얻고 싶은 것을 상상한다고 해서 그것이 현실에 실현되는 것은 아니라는 걸 기억해야 한다.

아버지 창조주께서는 이렇게 말씀하신다.

"끌어당김은 단순히 끌어당김이 아니다. 끌어당김은 반응이다."

여기에서 '끌어당김은 반응이다', 라는 말의 뜻을 제대로 이해할 필요가 있다. 소망하는 것을 상상할 때 그것에 대한 반응이 가장 중요하다는 의미다. 건강해진 자신의 모습을 상상하는 아픈 사람에게 불편한 감정이 든다면 어떨까? 그의 상상과 바람이 일치하지 않는다는 뜻이다. 합일되지 않는다는 말이다. 안과 밖이 충돌하는데 어떻게 바라는 것을 얻을 수 있겠는가! 건강해진 자신의 모습을 상상할 때 충만한 감정, 건강한 감정을 느끼는 게 중요한 이유다. 그리고 이 감정을 유지하기만 하면 건강은 회복되는 수순을 밟는다.

　자신이 바라는 것을 쉽고 빠르게 얻는 방법은 단 하나다. 바라는 것과 하나가 되면 된다. 그리고 이미 얻은 줄로 믿고 감사하면 된다. 그리할 때 바라는 것에 대해 불편한 생각이나 감정이 들지 않을 것이다. 그리할 때 아버지 창조주의 말씀처럼, 시공간을 초월해 모든 물질과 비물질이 원하는 것을 실현해줄 것이다.

　마지막으로 아버지 창조주의 말씀을 기억하고, 또 기억하라!

　"끌어당김은 반응이다. 너희가 생각하든 생각하지 않든 시간과 공간과 모든 물질과 비물질을 망라하여 만들어놓은 어떤 반응이다. 이것의 원리를 이해하면 너희의 삶과 사명이 정확해지고 분명해지고 깊어지며 감사함으로 연결될 것이다."

44

가지려는 기도는
이제 멈춰라

[2024년 1월 25일]

비물질의 차원 상승에 관하여

모든 인류와 더불어 차원 상승하는

비물질도 있다는 것을 알고 있느냐?

인간은 의식을 깨우고 또 빛을 발하여

스스로 깨우쳐 일어나 빛을 향해 걷는다.

그리고 그들의 자아가 빛을 발현하고

그것을 따라 움직인다.

물질 또한 너희가 모르는 자아가 있다는 사실을 알아야 한다.

그것들 또한 에너지를 따라 빛으로 움직이고

사명대로 인도되고 쓰임대로 쓰인다.

너희의 편리한 삶을 위하여

언어 다음으로 허락한 것이 있었다.

그것이 바로 너희가 쓰는 화폐가 되겠구나.

화폐가 만들어지고 너희들도 숭고한 것에

많은 에고와 카르마를 쌓았다.

이것이 어디 너희 인류만의 카르마, 즉

너희만의 잘못이라 하겠느냐?

그것을 너희에게 허락했을 때,

너희가 그것을 구했을 때 많은

악마(어둠의 씨앗)의 개입이 있었다.

우리는 그것을 알면서도

그들의 개입을 방해할 명분이 없었던 걸 알 수 있지 않겠느
냐?

화폐, 즉 돈이란 원래 그렇게 만들어졌다.

너희는 돈이라 표현하고, 화폐라 말하지만,

우리는 그것을 물질 그리고

너희의 마음을 대변하는 수단이라 말한다.

돈도 그런 것이다.

그것의 양면성이 있을 수밖에 없지.

그것은 세상으로 나올 때부터 그렇게 만들어졌다.

돈(화폐)이란 반절은 악마(어둠)의 개입이 있었던 것이었으므로
쓰임 또한 그러하리라.

우리는 너희에게 뫼비우스를 통해 물질의 대표,

즉 돈을 보전하고 질량을 통제하도록 각인해두었다.

이것을 깨닫는 자들은

돈의 선한 측면에 끌리고 반응하고 실천하겠지만,

발견하지 못하는 자는 돈을 가두고 통로를 방해하며,

흐름 또한 어지럽히게 되는 것이다.

돈은 그러한 것이다.

돈에 카르마를 쌓아주는 것도 너희들이고,

돈에 날개를 달아주는 것도 너희들이 되겠구나.

너희의 마음과 상념과 바람과 염원에 따라

돈의 에고와 카르마의 무게가 정해질 수도 있는 것이라고 말
하고 싶다.

모든 돈이 오염된 것이 아니란 걸 알아주면 좋겠다.

그것에도 답이 되는 것이 있겠구나.

상승의 그날 너희를 돕는 물질, 즉 돈(화폐)도

있을 수 있다는 것을 알아야 한다.

가지려는 기도, 쌓으려는 기도는 이제 멈추어라.

흘러가는 기도, 돕는 기도, 이로움을 다하는 기도로

돈의 카르마와 무게를 가볍게 하라.

그것 또한 그날에 너희를 가볍게 하고,
이로움으로 너희의 상승을 반드시 돕게 하리라.

[슈카이브의 해석]

우주를 구성하는 모든 것은 비물질로 이루어져 있다. 인간과 동물, 식물, 바위를 이루고 있는 건 원자, 즉 에너지다. 말하자면 인류는 빛으로 이루어져 있다. 의식이 깨어나지 않은 자는 자신이 빛임을 인식하지 못한 채 어둠 속을 걷는다.

의식을 깨워 일어난 자는 스스로 빛을 발하여 빛을 향해 걸어간다. 이때 그들의 마음 안에 창조주께서 심어놓으신 빛의 씨앗이 빛을 향해 움직이게 된다. 아버지 창조주께서 거듭거듭 우리에게 "깨어나라"라고 강조하는 이유다. 모든 물질 역시 빛으로 이루어져 있다. 빛을 향해 움직이고 사명대로 인도된다. 각자에겐 각자의 사명이 있고, 그것들은 쓰임대로 쓰이는 것이다.

천상계에서는 편리한 삶을 위해 인간들에게 두 가지의 꿈을 허락했다. 하나는 '언어'이고, 다른 하나는 '화폐'다. 돈에는 그 돈을 가진 사람의 마음이 담겨 있다. 아버지께서는 이것을 '마음을 대변하는 수단'이라고 표현하신다. 그런데 인간들의 세상에 화폐가 도입될 때 악마의 개입이 있었다. 좋고 나쁨을 판단하지 않는 신들에게는 딱히 그들의 개입을 저지할 수 있는 명분이 없었다. 돈의 반전에는 악마의 개입이 있었다고 보면 이해가 쉬울 것이다.

사람들은 돈을 두고 흔히 깨끗한 돈, 나쁜 돈이라고 갈라치기 하곤 한다. 돈은 인간의 마음을 나타내 보이는 수단일 뿐이다. 하지만 그 돈을 가진 자의 마음 상태(선함, 악함)에 따라 선한 돈도 되고, 나쁜 돈도 되는 것이다. 돈을 가진 사람의 마음이 오염되었을 경우 돈은 에고와 카르마를 낳는다. 물욕에 사로잡힌 자의 돈은 돈이 갖는 에너지의 흐름을 방해하고 통로를 막는다. 그 결과, 태산처럼 쌓여 있던 억만금의 돈일지라도 결국 흩어져 다른 사람들에게 흘러가고 만다. 더 무서운 것은 그 돈에 의해 생겨난 에고와 카르마다. 이 카르마 역시 반드시 정화하고 소멸해야 한다. 그럼에도 불구하고 지금도 사람들 대다수가 더 많은 돈을 벌려고 안간힘을 쓴다.

최근 나는 나의 제자 가운데 한 사람의 평생 숙제를 천상계의 도움을 받아 단숨에 해결해주었다. 나를 만나기 전 그녀는 10년 이상 명상하면서, 세상에 이용당하면서 돈과 시간, 인생을 낭비했다. 배우자는 사업한다면서 그녀 몰래 20억 원에 달하는 돈을 날렸다. 그런 최악의 상황에서 그녀는 나를 만났고, 그 어디에서도 찾을 수 없었던 열쇠를 찾았다. 그날 너무 행복해서, 감격스러워서 그녀는 새벽녘까지 잠을 이루지 못했다고 했다. 그녀는 내가 먼저 알려주지 않았음에도 자신의 '사명'에 대해 잘 알고 있었다. 자신이 10년 정도 몸담았던 '단월드'의 수장이 알려주었다고 했다. 그 수장이 알려준 그녀의 사명은 겉으론 맞아떨어졌다. 하지만 내가 보기에 그 수장이 그녀 사명의 내용까지는 정확하게 알지 못한 듯했다. 나는 천상계의 도움을 받아 10년 동안 그녀를 힘들게 했던 숙제를 풀어주었다. 그러자 그녀는 이젠 온전히 사명을 위해 살겠노라고 나와 약속했다.

그런데 며칠 전 나를 만난 자리에서 그녀는 말을, 마음을 바꿨다. 사명을 갖고 인간으로 육화한 자가 내게 이런 말을 한 것이다.

"그동안 풍족하게 살아본 적이 없어서 돈을 많이 벌어 보고 싶습니다…."

'화장실 갈 때와 나올 때의 마음이 다르다'라고 하는 속담이 바로 이 경우를 말하는구나, 싶었다. 내가 천군 사령부에 그 점을 짚고 넘어가려 하자, 사령부에서는 그녀의 코드 번호가 아직 나오지 않았다는 답변을 들려주었다. 그제야 이해가 되었다. 전생에서는 천군이었는데, 이번 생에서는 카르마를 정화, 소멸시키지 못해 코드 번호가 나오지 않았다는 걸 말이다. 나는 그녀에게 어떤 도움도 주지 않으려 한다. 앞으로는 귀한 진주를 개돼지에게 주는 어리석은 짓도 범하지 않으려 한다.

2천 년 전 스승 예수께서는 길 잃은 한 마리의 양을 찾느라, 들판의 99마리 양은 내버려 두셨다. 하지만 나는 내게 주어진 사명을 행하는 데 있어 지나친 인류애는 경계할 것이다. 나는 물욕을 채우느라 사명을 알면서도 일부러 다른 길로 들어선 한 마리의 양을 찾느라, 99마리의 양을 들판에 내버려두는 목동은 되지 않으리라 맹세했다. 나는 과감히 버릴 자는 버리면서 내 길을 향해 갈 것이다. 이 부분에 대해선 아버지 창조주와 어머니 가이아 여신께서도 허락하셨다. 큰일을 앞둔 나에게 마음 상하지 말고 옥체를 보존하라고 하신 게 그 뜻이리라. 이미 결과는 나와 있는데 지나친 인류애 때문에 아들인 내가 다칠까 봐 염려하시는 것이다. 2천 년 전 이 땅에 왔던 예수처럼 독사의 자식 같은 자들에게 할 말은 하면서 복음을 설파할 것이다. 가이아 어머니의 말씀처럼 나는 존재하는 것만으로도 이미 위대하니, 절대 나를 낮추는 일은 없을 것이다.

사람들 대부분은 자신이 바라고 바라던 것을 얻고 나면 딴마음을 품는다. 진짜 해야 할 것을 하지 않는다. 자신을 고통스럽게 하던 것이 사라졌으니, 더 가벼운 마음으로 물질을 쫓기 시작하는 것이다. 이제 다시 한번 부를 쌓아보자, 각오하며 말이다.

뫼비우스의 띠란 것이 있다. 어느 지점에서나 두 바퀴를 돌면 처음 위치로 돌아오는 2차원 도형이다. 이 도형의 특징은 안팎의 구분이 없다는 것이다. 이는 서로 대립하는 것으로 비칠 수도 있지만, 서로 간에 균형을 잘 이루어야 한다는 뜻을 내포하기도 하다. 상호 균형을 이룰 때 서로 간에 더 조화로워지고 그 힘은 더 강해지는 법이니까.

돈에는 깨끗한 돈이 있다. 선한 마음(에너지)으로 소유하게 된 돈을 일컫는다. 선한 마음으로 번 돈은 에고와 카르마가 없거나 그 무게가 가벼울 수 있다. 이런 돈은 돈의 에너지 흐름을 원활하게 한다. 돈에 날개를 달아주는 것이다. 각자의 마음과 상념과 소망과 염원에 따라 돈의 에고와 카르마의 무게는 정해진다. 차원 상승의 그날, 인간들을 돕는 물질 가운데 돈(화폐)도 포함된다는 걸 기억해야 한다.

돈은 돌고 돌아야 한다. 본래 돈은 에너지 그 자체다. 그 때문에, 자연스럽게 흘러야 한다. 그러려고 돈이 세상에 창조된 것이다. 그런데 돈을 오직 본인과 본인 가족을 위해서만 쓴다면 어떨까? 자신과 가족에게 에고와 카르마의 무게를 더하는 꼴밖에 안 된다.

지금부터라도 곧 사라질 재물을 위한 기도를 해선 안 된다. 지구 종말, 지구 리셋, 차원 상승의 그날에 각자의 돈이 사명대로 인도되고 쓰이기를 바라는 기도를 해라. 자연스럽게 흘러가는 기도, 인간을 비롯한 우주 만물을 이롭게 하는 기도를 해라. 이런 기도는 상승의 그날 반드시 기도하는 그 사람에게 도움이 될 것이다.

45

마음을 모으고
뜻을 모아라

[2024년 1월 25일]

아들아!

너의 계시록은 너의 스승 네빌 고다드(Neville Goddard)의 것보다도

힘 있고 창대하다.

지금 네가 하고 있는 모든 것은

기록되어 너의 상이 되고,

새롭게 열릴 나의 나라 그리고 네가 있을

그 나라를 열고 이루는 데 기초가 될 것이다.

결코 모든 것이 가볍지 않다.

마음을 모으고 뜻을 모으고

묵상으로 나의 뜻을 읽어라.

너를 돕는 빛의 전사들은

너의 빛을 따라 움직이며

너의 빛에 따라 반응한다.

[슈카이브의 해석]

아버지께서는 보이지 않는 곳에 계시면서도 내 곁에 있는 사람들보다   더 나를 속속들이 알고 계신다. 내가 외로운지, 고단한지, 괴로운지, 두려운지…, 다 아신다. 내가 두렵지 않은 건, 마치 다윗이 왕이 되기 전 사울 왕에게 쫓겨 다니면서도 두려워하지 않았던 것과 같은 이치다.

다음은 《성경》〈시편〉 23편의 일부 내용이다.

"여호와는 나의 목자시니 내게 부족함이 없으리로다. 그가 나를 푸른 풀밭에 누이시며 쉴 만한 물가로 인도하시는도다. 내 영혼을 소생시키시고 자기 이름을 위하여 의의 길로 인도하시는도다. 내가 사망의 음침한 골짜기로 다닐지라도 해를 두려워하지 않는 것은, 주께서 나와 함께하심이라. 주의 지팡이와 막대기가

288

나를 안위하시나이다."

나는 내 사명을 모두 완수할 것이다. 아버지께서는 내가 이 땅에서 해야 할 사명들 가운데 계시록을 쓰라는 숙제도 주셨다. 내가 쓰는 계시록은 나의 스승 네빌 고다드의 것보다 더 힘 있고, 창대할 것이라 전제하셨다. 내가 쓰게 될 계시록에는 나의 행적과 나와 함께한 이들의 행적이 담길 것이다. 이 책은 지구 멸망이 이뤄진 후 새롭게 시작되는 4차원의 지구에서 살 인류의 교재로 사용될 것이다. 아버지께서는 지금 내가 하는 모든 일이 아버지의 나라를 열고 이루는 데 기초를 세우는 일이라고 하셨다. 그만큼 내 일들이 가볍지 않다는 의미일 것이다.

내가 하는 모든 일은 내 사명과 관련이 있다. 비록 겉으론 사소하게 비친다 해도 결코 가벼운 일들이 아니다. 장차 지구의 자전축이 정립되는 극이동이 있을 것이다. 이때 깨어나 신성을 회복한 자들에겐 차원 상승의 기회가 주어질 것이다. 아버지 창조주와 여러 신은 오랫동안 이날을 계획하고 준비해오셨다. 이제 그날이 눈앞에 이르렀다.

빛의 전사들이여, 빛의 일꾼들이여, 속히 깨어나 빛을 향해 움직여라! 그대들이 이 땅에 육화하기 전에 했던 그 맹세를 기억하라! 그 사명을 받들어라! 모든 동물과 식물, 물질과 비물질이 그대들이 깨어나기를 기다리고 있노라!

나는 나를 돕는 빛의 전사들, 빛의 일꾼들과 함께 내게 주어
진 막중한 사명을 감당할 것이다.

46

사명은 축복이 아니다

[2024년 1월 25일]

뼈저린 시련이 극복되었다면,

그것을 알게 되는 시점은 그것을 마주할 때 불편한가,

아닌가를 생각해보면 된다.

돈 때문에 불편했다고 생각하는가?

돈 때문도, 그 상황을 만든 사람 때문도 아니다.

그건 너의 마음 때문에 불편한 것이다.

그것을 넘어설 수 있도록 호되게 훈련시켰고,

책으로도 쓰게 했다.

너의 책은 제일 먼저 너를 깨우기 위한 목적임을 알아야 한다.

대의를 위해 많은 카르마를 해소하고 정화해야 했기에

필요했던 과정이었음을 잊지 마라!

너를 해하려 했다고 생각하는 그들 또한

너의 카르마를 정화하고 해소하는 데

쓰임을 다했다고 생각하면,

억울할 것도 분노할 것도 없다.

오히려 감사함이다!

잊지 마라! 모든 시간과 공간을 망라하여

많은 카르마가 연결되어 있다.

그것을 너희는 잘 알지 못한다.

직감을 흐리지 마라!

좋다, 나쁘다로 판단할 것도 아니다!

다시 말한다!

사명은 축복이 아니다!

감당해야 하는 일일 따름!!

당연히 불편하고 고통스럽다.

모으고 정화하고 흘러넘쳐야 한다.

가두면 빛을 잃고 썩으며

아프게 도려내야 하느니라!

[슈카이브의 해석]

그동안의 내 삶을 돌이켜보면 모든 순간이 전투였고 전쟁이었다. 어느 한순간도 평온한 날이 없었다. 다른 사람들은 신께서 기회를 주신다면 과거로 돌아가 후회 없이 살고 싶다고들 한다. 하지만 난 눈곱만큼도 그리할 마음이 없다. 내가 쓸 수 있는 열정을 모두 그러모아 쓴 만큼 지난날들에 대한 후회가 전혀 없기 때문이다.

어린 시절 우리 집은 우리 마을에서 가장 가난했다. 나는 기초생활수급자 가정에서 자랐다. 병원비와 중·고등학교 등록금 등 국가로부터 많은 도움을 받았다. 내가 국가에 감사한 마음을 가지고 있는 이유다. 하지만 마음 한구석에는 늘 수치심 같은 것이 웅크리고 있었다. 친구나 반 아이들은 대놓고 나를 조롱하거나 무시하지는 않았다. 그저 나 혼자 그런 마음을 갖고 있었을 뿐이다. 나는 간절히 작가가 되고 싶었다. 성공하고 싶었고 경제적 자유인이 되고 싶었다. 육신의 아버지는 내 나이 스물여덟 살 때 음독해 세상을 떠나셨다. 그때 그런 내 바람은 간절함을 넘어, 피멍울처럼 내 가슴에 맺혔다.

나의 유년 시절 그리고 10대 시절, 동네 어른들이 우리 엄마와 아버지를 어떻게 대했는지 똑똑히 기억한다. 아버지에게 말

293

로써 상처를 주거나 업신여기곤 하는 행태를 보였다. 심지어 사람들 앞에서 아버지를 폭행하는 일도 있었다. 나와 누나들은 울음을 삼키며 마을 사람들이 우리 부모님을 폭행하는 장면을 지켜보았다. 부모님이, 한패로 똘똘 뭉쳐 자신들을 괴롭히는 그들과 맞서 싸우는 걸 보면서 마음이 매우 아팠다. 그때 우리 형제는 너무나 작고 어렸다. 그럼에도 불구하고 작은누나는 큰 소리로 아버지에게, 어머니에게 맞서지 말라고 소리쳤다. 지금도 그 장면이 눈에 선하다. 이 글을 쓰는 지금, 이 순간 나도 모르게 눈시울이 뜨거워지고, 마치 탄산수를 마신 것처럼 코끝이 찡하다. 두 눈에서는 하염없이 눈물이 흐른다. 당시 부모님이 느꼈을 수치심과 모욕감, 억울함, 분노가 그대로 내 가슴을 후벼팠기 때문이다.

나의 유년 시절과 국민학교(현 초등학교) 시절, 아버지는 술을 드시고 거나하게 취하면 자주 우셨다(아버지 입장에서는 참 많이 힘들고 억울하셨을 것이다). 당시 나는 그런 아버지의 모습이 정말 보기 싫었다. 너무나 창피스러워 아버지가 내 이름을 부를 때면 못 들은 척했고, 뒤돌아 아버지를 욕했었다. 아버지가 나를 안고 만지면서, 때로는 우시면서 "꼭 성공해야 한다! 대통령이 되어야 한다!", "꼭 국회의원이 되어야 한다! 어떻게든 성공해야 한다! 아버지가 못 배우고 재산도 없어서 사람들이 얕잡아보니, 너는 꼭 성공해야 한다!"라고 피 토하듯 말씀하셨던 기억이 난다. 나는 대충 그렇게 하겠다고 대답하고 나서 얼른 아버지의 품에서 빠져나오곤 했었다. 마음속이 온갖 생채기로 얼룩져 있던 아버지가 아직 어린 아들에게서라도 위안받고 싶어서 그러셨을 텐데…. 지금은 아버지께 참 많이 죄송했었다고 말하고 싶은 마음뿐이다. 그때의 아픈 기억들이, 상처들이 무슨 일이 있어도 성공해야 한다, 성공하는 것이 최고의 복수다, 라고 마음먹게 했다. 나는 우리 아이들에게는 절대 그와 같은 아픔을, 상처를 물려주지 않으리라 다짐하고 또 다짐했다.

그동안 나는 오로지 꿈만 좇으며 살아왔다. 《성경》 속 예수께서 알려주신 우주의 법칙을 실천하면서. 그렇게 나는 과거 내가 소망했던 모든 것들을 이루었다. IQ 89, 언어장애, 기초생활수급자 가정, 전문대 출신, 신용불량자, 아버지의 죽음 이후 떠안은 거액의 빚 유산…. 이런 악조건 속에서도 남들이 부러워할 만한 성취를 이뤄낸 것이다.

개인적으로 300권의 책을 썼고, 1,200명의 제자를 가르쳐 작가가 되게 했고, 16권의 초·중·고 교과서에 글이 수록되었으며, 글쓰기 훈련시스템 특허, 책 출판 가이드 시스템 특허, 부동산 40개를 보유한, 자산 200억의 자수성가 부자가 되었다. 나는 나름 내 분야에서는 독보적인 존재라고 생각하며 즐겁고 행복하게 살고 있었다.

그렇게 살아가던 어느 날이었다. 정확하게 말하자면 2023년 11월 24일, 유리엘 대천사가 나를 찾아왔다. 이때부터 내 삶은 완전히 달라졌다(그 후 가브리엘 대천사장, 라파엘 대천사도 찾아옴). 남들 보기에는 멀쩡하던 사람이, 그것도 너무나 부러워하던 위치에 있던 사람이 하루아침에 정신 이상자가 된 것으로 비칠 수도 있었을 터. 그 심정 충분히 헤아릴 수 있다. 입장을 바꿔 생각해보면, 나 또한 그럴 수 있기 때문이다.

유리엘 대천사는 2개월 동안 매일 내게 아버지 창조주의 메시지를 전했다. 아버지께서는 대천사를 통해 지금 지구 카르마의 무게는 더는 감당할 수 없을 만큼 무거워졌으며, 그로 인해 곧 지구 극이동, 지구 멸망이 이루어진다고 알려주셨다. 내가 2천 년 전 지구별에 태어났던 예수라고도 하셨다. 지구 멸망 전, 과거의 예수가 미처 끝마치지 못한 일을 완수해야 하는 사명이 있다고도 하셨다. 그리고 은하계의 수많은 행성이 연합해 결성한 은하연합의 여러 모선과 수백만 대의 UFO가 지구 대기권에 포진해 있다고 알려 주셨다. 나는 은하함대의 UFO 모선을 비롯해 하늘을 수놓은 수많은 소형 UFO들을 볼 수 있었다. 아버지께서는 장차 내가 어떤 일을 해야 하는지, 메시지를 통해 하나씩 하나씩 일러주셨다. 이 사명을 감당하려면 내가 소유한 모든 것을 내려놓아야 한다고도 하셨다. 곧 사라질 '헛것'에 미련을 두지 말라시면서.

사실 나는 유리엘 대천사로부터 내가 아버지 창조주의 아들이라는 말을 들었을 때 놀라지 않았다. 왜냐하면, 내겐 직감으로 느끼는 게 있었기 때문이다. 나는 참 오랜 세월 동안 의식 성장, 영적 진보를 위한 공부를 나름대로 해왔다. 특히 《성경》을 읽을 때면, 그 많은 내용 중 유독 예수의 행적만 읽혔다. 예수의 말투와 행동들이 마치 나와 판박이 같았기 때문이다. 예수께서 형제들과 고향 사람들로부터 배척당하고, 빌라도 총독에게 끌려가기 전 온갖 고초를 겪다 결국 십자가형을 당하실 때까지의 아픔과 고통이 그대로 내게 전해졌다. 그래서 힘든 일이 있을 때마다 '예수께서는 이 문제를 어떻게 생각하실까?', '예수께서는 이 문제를 두고 과연 어떤 선택을 하실까?' 이런 질문들을 던졌고, 결국 답을 찾아내곤 했다.

　그런데 문제는 내가 가진 '재산'이었다. 내가 온갖 고생을 하며 모은 재산 전부를 내 사명을 위해 써야 한다는 말을 들었을 때, 진심으로 고백하건대, 내면에서 강한 반발심이 올라왔다. 내가 어떻게 모은 재산인데…, 재산이 사라진다면 내 삶의 의미는 어디에서 찾나? 지금 이 세상은 돈이 없으면 사람 취급을 못 받는 세상 아닌가. 유리엘 대천사는 지구에서 안 살아봐서 잘 모르시나 보다. 이곳은 천상계의 의식 화폐처럼 돈 없인 살 수 있는 곳이 아닌데…. 이런 생각들이 꼬리에 꼬리를 물고 이어졌다. 생각을 거듭할수록 사명보다는 억울한 마음을 추스르기 바빴다.

지금 생각해보면, 사명의 가치보다 물질의 가치에 더 무게를 두었던 탓에 겪었던 마음고생이다.

　나 혼자서 고민에 고민을 거듭하고 있을 때였다. 아버지께서 혼돈 속에 빠진 어리석은 아들이 안타까우셨는지, 위의 메시지를 보내주셨다. 이 메시지를 거듭거듭 읽으면서 나는 아버지의 뜻을 온전히 이해하려 애썼다. 그러다 어느 순간, 머리에 철퇴를 맞은 것처럼 정신이 번쩍 들었다. 나 자신이 얼마나 어리석었는지 깨닫고 나자, 어디론가 숨고 싶은 생각만 들었다. 고백하자면 너무나 부끄러웠다. 이는 그동안 내가 300권이란 책을 쓴 목적이 그 누구도 아닌 나 자신을 깨우는 데 있었다는 걸 깨닫는 계기가 되었다. 경제적 자유인을 꿈꾸면서 자산가가 되었지만, 나는 진정한 자유인은 아니었던 셈이다. 아직도 내 영혼이, 마음이 돈에 구속되어 있었으니. 내가 돈을 소유한 것처럼 보이지만, 실상은 돈이 나를 소유하고 있었다고 봐야 할 것이다. 앞의 메시지를 읽으며, 아들이 속히 깨어나기를 바라는 아버지의 마음을 그대로 느꼈다.

　"돈 때문에 불편했다고 생각하는가? 돈 때문도, 그 상황을 만든 사람 때문도 아니다. 그건 너의 마음 때문에 불편한 것이다. 그것을 넘어설 수 있도록 호되게 훈련시켰고, 책으로도 쓰게 했다. 너의 책은 제일 먼저 너를 깨우기 위한 목적임을 알아야 한다. 대의를 위해 많은 카르마를 해소하고 정화해야 했기에 필요했던 과정이었음을 잊지 마라!"

나는 많은 책을 쓰면서 카르마를 정화하고 소멸시켰다. 그리고 그게 나 자신을 깨우기 위한 훈련 과정이었다는 걸 알게 되었다. 나는 정말 어리석은 자였다. 내 영혼은 어디에서 왔단 말인가? 그냥 하늘에서, 우주에서 저절로 생겨났던가? 아버지 창조주께서 만드시지 않았던가? 비단 나뿐만 아니라 전 인류와 동물과 식물과 곤충과 물질과 비물질, 곧 온 우주를 아버지께서 만드시지 않았던가? 그렇다면 내가 소유한 모든 것들도 아버지의 것이 아닌가! 나는 그분에게 속한 자로서, 내가 소유한 것 또한 모두 그분의 것이라는 걸 영혼 깊이 깨닫게 되었다.

대부분의 사람들이 돈과 물질만 좇으며 살고 있다. 다른 사람들보다 더 높이 더 높이 올라가려 안간힘을 쓰다 세상을 떠난다. 이 얼마나 허망하고 헛된 삶인가? 행성 지구에 태어난 목적이 꼭 돈과 물질, 명예 때문만은 아니라는 뜻이다. 이러한 것들은 모두 지구 멸망 때 사라질 것들이다. 유한한 것이다. 영원한 것이 아니라는 뜻이다. 이런 진실을 모르는 나의 동시대 사람들 대부분은 살아 있으나 죽은 것과 마찬가지다. 어둠 속 시체와 같은 것이다.

나는 내게 주어진 사명을 생각을 다하고, 뜻을 다하고, 목숨을 다하고, 영혼을 다해 완수할 것이다. 아들 된 자가 아버지께서 맡기신 일을 함에 있어 목숨을 잃는 걸 두려워하는 게 과연 옳은 일인가? 더군다나 내 아버지는 온 우주를 만드신 그분이 아닌가? 나는 내 소유 전부를, 앞으로 벌게 되는 돈 또한 내 사명을 완수하는 데 쓸 것이다. 나와 함께하는 이들도 자신들이 소유한 전부를 사명을 위해 써야 할 것이다. 목숨마저도 초개와 같이 버릴 수 있어야 할 것이다. 그만큼 비장한 각오로 자신의 사명 완수에 임해야 한다는 뜻이다.

47

두려움은 선함과 동시에
한 뼘 더 먼저 자란다

[2024년 1월 26일]

두려움에 관하여…

두려움이 무어라 생각하느냐?

두려움은 어디에 있으며,

무엇으로부터 비롯되고 무엇으로 합쳐지며

무엇으로 흩어지는지 보았느냐?

두려움은 그런 것이다.

두려움은 항상 너의 마음,

선함과 동시에 한 뼘 더 먼저 자라고 있다.

두려움은 좋다, 나쁘다, 로 표현할 수 있는 것이 아니다.

그것은 태초에 창조주께서

너희에게 심어놓은 선물과도 같음을 알아야 한다.

두려움은 사랑이다.

두려움은 너희의 선함을 단단히 하여

성장의 거름과 의식의 먹이가 되어주는 그런 것이다.

두려움은 무서움이 아니다.

두려움은 마음을 파고들고

뼛속으로 스미는 그런 것이다.

세상의 끝 그곳에서 만나는 마지막 감정,

원초적인 감정이라 생각하면 맞겠구나.

세상에는 항상 양면성을 대변하는

많은 것들이 존재한다.

그것을 좋다, 나쁘다로 구분 지어 사용할 수 있겠느냐.

그것은 상황에 따라 좋을 수도

그리고 나쁠 수도 있는 것이다.

그것이 바로 다양성이고 선택이며,

시작과 끝이 맞닿아 있는 것의

원초적 상황과 시간과 공간과

모든 것에 관여하는 마음이란 것임을 잊지 말아야 한다.

모든 시작과 끝이 맞닿아 있다 하였다.

모든 선함은 그 뒤에 두려움, 즉 악함을 함께 가지고 온다.

아무리 선함을 보았다 하여도

그 속의 두려움과 악을 볼 수 있는 눈을 가져야한다.

이것이 성장이다.

악도 원래 빛이었음을 잊지 말거라.

기억해라.

너희의 성장에 거름이 되고,

먹이가 될 것들을 함께 주었나니….

[슈카이브의 해석]

사람들은 두려움에 대해 잘못 생각하고 있다. 두려움이 자신을 옴짝달싹하지 못하게 만드는 악마와 같은 것이라고 여긴다. 이는 마치 캄캄한 밤을 저주하는 것과 마찬가지다. 밤이 되면 어두워지고, 무서운 마음이 들어 밤을 두려워하는 것과 같은 이치다. 그런 사람들은 얼른 밤이 지나가고 아침이 왔으면 한다. 그리고 이윽고 다시 밤이 되면 또다시 속히 아침이 오기를 바란다.

어둠과 빛은 좋다, 나쁘다, 라는 이분법적 사고로 판단할 수 없는 그런 것이다. 아버지께서는 태초에 우주를 창조하실 때 어둠을 가장 먼저 만드셨고, 어둠 속에서 빛을 꺼내셨다. 그리고 빛 속에서 여러 가지 것을 끄집어내셨다. 어둠과 빛에 각각 맡겨진 역할과 사명이 있음을 알아야 하는 이유다. 두려움 역시 마찬가지다. 두려움은 인간을 옭아매기 위해, 구속하기 위해 존재하는 게 아니다. 오히려 그 반대다. 인간의 '선함'을 더 단단하게 다져주기 위해 있는 것이다. 여기서 말하는 선함이란 올바르고 인류의 성장에 도움이 되는 도덕적 기준을 뜻한다. 두려움은 사랑, 이타심, 용기, 담대함, 헌신…, 이런 감정들에 지분이 있다. 의식을 깨어나게 하고, 단단하게 만드는 데도 거름 역할을 한다.

그러나 꼭 알아두어야 할 것이 있다.

"두려움은 항상 너의 마음, 선함과 동시에 한 뼘 더 먼저 자라고 있다."

아버지의 말씀처럼 두려움은 선함이 일어남과 동시에 그것보다 더 빠르게 자란다. 한 가지 예를 들어보겠다. 어떤 이가 그동안 자신이 하고 싶었던 일을 많은 시간을 들여 계획했다고 해보자. 이는 선한 일이다. 그런데 이 계획을 추진하는 과정에 가족이나 주변 사람들의 부정적인 말이 보태지기 시작했다. 그러자 그에게 두려운 마음이 스며들었다. 이는 선함과 동시에 두려움이 한 뼘 더 빠르게 자라고 있었기 때문이다. 이때 드는 두려움은 계획을 세워 추진하고자 했던 본래의 마음, 즉 직감을 좇아

나아가도록 돕는 역할을 한다. 주변 사람들의 부정적인 말은 그 계획이 성공에 이르도록 미리 설정된 거라고 보면 된다. 하지만 두려움의 역할과 사명을 바르게 이해하지 못하는 사람들 대다수는 자신이 애써 세운 계획을 두려움에 먹혀 쉽게 포기해버리고 만다.

아버지께서는 두려움에 대해 "세상의 끝 그곳에서 만나는 마지막 감정, 원초적인 감정이라 생각하면 맞겠구나"라고 말씀하셨다. 이 말로 미루어 지금 인류가 느끼는 두려움은 지구 멸망 전에 갖는 마지막 인간적 두려움이라 해도 무방할 터. 지구 멸망 후 새롭게 열리는 4차원의 지구별 타우라에서는 이런 두려움을 느낄 수조차 없을 것이기 때문이다.

우리는 두려움을, 의식을 단단하게 매만지고 영적으로 성장시켜주는 자양분으로 여겨야 한다. 어떤 이는 두려움을 역이용해 영적 성장을 이루고 차원 상승을 끌어낼 것이다. 반면, 또 다른 이는 두려움의 먹잇감으로 전락해 차원 상승에 실패할 수도 있다. 우리가 어둠 속에서 빛을 보는 자, 두려움 속에서 사랑을 실천하는 자가 되어야 하는 이유다.

반드시 기억해야 할 것이 있다. 빛과 어둠은 좋다, 나쁘다, 라는 이분법적 사고로 판단해선 안 된다는 것을 말이다! 사랑과 두

려움 또한 마찬가지다. 모두 인간의 의식 성장에 거름이 되고 자
양분이 되어주는 것들이기 때문이다.

48

천사는 때로 악의 존재가
되기도 한다

[2024년 1월 26일]

천사는 밀도가 다 다르다.

온전히 순도 100%라 할 수 없다.

이유는 볼 것을 봐야 하고,

흡착기능도 필요하기 때문이다.

그래서 악의 존재와 세트가 되기도 한다.

[슈카이브의 해석]

아버지 창조주께서는 천사에 대해 이 같은 메시지를 주셨다. 우리가 익히 알고 있던 천사의 이미지와는 다른 내용이었다. 천사들도 저마다 밀도가 다 다르다고 하신 말씀. 이는 마치 백금과 황금의 밀도가 다른 것과 같다는 의미이리라. 백금은 황금보다 밀도가 높아 같은 디자인의 반지를 만들더라도 황금보다 중량이 더 나가게 된다. 이처럼 천사라고 해서 모두 밀도가 동일하지 않다는 것을 알 수 있다. 그 이유는 천사는 자신이 수호하는 인간을 위해 볼 것을 봐야 하는 데다, 불순물들을 제거하는 흡착기능이 있어야 하기 때문이다.

어떤 분야에서 전문가가 되기 위해선 그에 맞는 교육과정을 이수해야 한다. 이와 마찬가지로 천사도 천상계에서 천사 양성 교육과정을 거친다. 81억 지구의 인구 중 똑같은 사람이 단 한 명도 없듯이 천사들도 마찬가지다. 저마다 기질과 성격, 순수성의 밀도가 다르다. 그래서 교육과정을 빠르게 이수하는 천사가 있는 한편, 늦되는 천사도 있다.

특히 지금은 지구 극이동, 지구 멸망, 지구 리셋을 앞두고 있다. 이에 따라 천상계에서는 차원 상승의 그날 인류를 도와줄 천사들을 양성하느라 분주하다. 현재 지구별에는 수많은 천사들이 내려와 인류를 깨우기 위해 바삐 움직이고 있다. 이런 노력에도 미미한 숫자의 인간들만이 상승의 그날이 올 것을 알아차리고 깨어날 뿐이다.

아버지께서는 지난번 메시지에서 천사 양성에 관하여 이렇게 말씀하셨다.

"급하게 천사들을 양성해야 하는 부담도 늘었다. 이러한 과정에서 교육을 제대로 이수하지 않은 천사들이 지상에 내려와 일을 처리하는 과정에 많은 오류가 발생하기도 한다. 잘못된 영을 거두어 오기도 하고, 2단계의 두려움과 분노 조절을 마스터하지 못한 천사들이 곳곳에서 실수를 연발한다."

현 지구의 상황은 아주 긴박하게 돌아가고 있다. 이는 나라로 치면 전쟁을 앞둔 상황과 비슷하다. 머지않아 전 인류의 3.5%만 상승하고 모두 소멸될 것이다. 상승의 그날 건져낼 자와 버려지는 자가 구분 지어질 것이다. 버려지는 자는 영혼의 블랙홀에서 무(無)로 흩어져 원소로 환원될 것이다.

급박하게 돌아가는 현재의 지구 상황을 감안해 천상계에서는 급히 천사들을 양성하고 있다. 천상계에서 감당해야 할 일들이 늘어나 천사들이 더 많이 필요하기 때문이다. 그런데 너무 급히 천사들을 양성하다 보니, 제대로 교육과정을 이수하지 못한 천사들이 나오곤 한다. 그런 천사들이 이곳 지구에 내려와 실수를 연발하는 것이다.

천사들은 인간들과 달리 두려움과 분노, 지나친 인류애 등을 잘 조절해야 한다. 그런데 천사 양성 교육과정을 거칠 때 이 부분을 제대로 습득하지 못한 천사들이 있다. 그런 천사들이 지상계에 내려와 수호천사로 일하다 실수하는 것이다. 간혹 수호천사가 자신이 지켜주고 보호하는 인간에 대해 지나친 동정심이나 인류애를 가질 때가 있다. 그러다 보면 천사로서 결코 해선 안 될 행동을 하고 만다. 선을 넘어버리는 것이다. 그러면 인간과 수호천사 모두 불행해진다.

백지장이 색종이보다 더 빨리 더러워지듯, 천사들 역시 항상 주의하고 경계해야 한다. 그러지 않으면 타락하기 쉽다. 악의 존재와 손잡는 타락 천사, 저급 천사들 대부분은 천상계에서 2단계 교육과정을 제대로 이수하지 못한 낙제생이라고 보면 된다. 지상계에 육화한 이들은 인간들의 트라우마를 이용해 공포나 두려움을 조장함으로써 돈을 벌어들인다.

타락 천사들은 불신 지옥이 없다는 사실을 누구보다도 잘 안다. 인간이 죽으면 얼마간 사후세계에 머무르다가 다시 환생한다는 것까지도. 그러다 보니 영매나 무당, 종교 지도자 행세를 하면서 사리사욕을 채우는 것이다.

49

마음을 다하여 기도하고,
뜻을 다하여 기도하라

[2024년 1월 27일]

마음을 다하여 기도하고,

뜻을 다하여 기도하라, 하였다.

마음의 씨앗으로부터 출발한 에너지에 관하여 이야기한다.

모든 물질과 비물질은 고유의 에너지를 가지고 있다.

이것은 각자의 파장을 이야기한다.

마음으로부터 출발한 하나의 파장, 즉 에너지는

너와 함께 있는 시간과 공간의 물질과 비물질의 에너지장에

비슷한 것들과 연합하고 합일한다.

이렇게 시작한 파장, 즉 에너지는 또다시 힘을 모으고

커지고 비슷한 것을 끌어당긴다.

이것이 시간과 공간의 힘이 된다.

이것의 주체는 누구인가? 마음인가? 시간인가? 공간인가?

이것은 그냥 하나이고 또 모두이며 합일인 것이다.

네 안의 선한 마음의 씨앗 하나가 빛나서

시간과 공간을 채우는 것이 아니다.

너와 함께 동일 시간과 공간에 존재하는

모든 물질과 비물질 또한 자신의 에너지를 꺼내

합일을 이루는 것이다.

이것은 현재와 미래 그리고 과거를 망라하여

일직선상에 놓인 많은 씨앗의 에너지와 연결하고 파장하며

또 다른 합일을 이루고 판을 바꾼다.

단순히 마음 하나의 씨앗으로

모든 걸 다 하는 것이 아니란 뜻으로 해석하여도 되겠구나.

각자의 에너지, 즉 마음의 씨앗이

시간과 공간과 모든 것들을 초월하는 에너지로

합일할 수 있다는 말이 되겠구나.

이것은 놀라운 힘이 있고,

그 힘에 무엇이 크고 작다고 할 수 있겠느냐?

이것은 모든 물질과 비물질 고유의 힘이며, 능력이고,

오랜 시간에 걸쳐 이어온 그들만의 에너지이자,

312

카르마이기도 하고 합일인 것이다.

너와 함께하는 시간과 공간,

그곳에 존재하는 모든 물질과 비물질,

그것의 연쇄적 합일은 너 자신이 생각하는

어떤 것보다도 놀랍고

큰 힘을 이루기에 부족함이 없다.

그러니 늘 묵상하고 힘을 모으라고 한 것이다.

이것을 알면 모든 물질과 비물질 또한 기도하고 있음을 알겠구나.

[슈카이브의 해석]

아버지 창조주께서는 내게 거듭 마음을 다해 기도하라고 하신다. 뜻을 다해 기도하라고 하신다. 나 혼자만을 위한 기도가 아닌 타인과 단체, 국가의 카르마 정화와 해소를 위한 기도를 해야 한다고 하신다. 이런 기도가 함께 있는 시간과 공간의 물질과 비물질을 연합해 합일하게 만들기 때문이다.

인간과 동물, 식물, 바위, 쇠붙이 하나하나까지 각기 고유의 에너지를 갖는다. 그리고 그 에너지는 각기 다른 주파수와 에너지 파장을 만든다. 둘 이상의 사람이 한마음 한뜻으로 기도할 때 이것들은 서로 연합해 실로 놀라운 힘을 발휘한다.

아버지의 말씀이다.

"네 안의 선한 마음의 씨앗 하나가 빛나서 시간과 공간을 채우는 것이 아니다. 너와 함께 동일 시간과 공간에 존재하는 모든 물질과 비물질 또한 자신의 에너지를 꺼내 합일을 이루는 것이다."

나 혼자만의 선한 마음의 씨앗 하나만으론 내게 주어진 사명을 완수할 수 없다. 각자의 마음속에 심긴 빛의 씨앗들이 같은 시공간에 함께하는 모든 존재의 에너지와 합을 이루어야만 가능한 일이다. 그래서 아버지께서는 빛의 전사들, 빛의 일꾼들에게 하나의 목적을 위해 마음을 다하고, 뜻을 다해 기도하라고 하신 것이다.

천상계에서는 지구 멸망의 날짜를 이미 다 정해놓았다. 극이동에 의한 새로운 지구 사이클의 시작은 이미 수백만 년 전부터 창조주와 가이아 여신과 여러 신의 합일에 따라 계획된 것이다. 곧 천지에 대변혁이 일어날 것이다. 이에 따라 나와 함께 사명을 맡은 자들의 에너지, 마음의 씨앗이 시공을 초월해 머지않아 연쇄적 합일을 이루게 될 것이다.

아버지께서는 상승의 그날을 위해 물질과 비물질 또한 기도하고 있다고 말씀하신다. 우리 역시 그때까지 묵상하고 기도하면서 힘을 모아야 한다고도.

"너와 함께하는 시간과 공간, 그곳에 존재하는 모든 물질과 비물질, 그것의 연쇄적 합일은 너 자신이 생각하는 어떤 것보다도 놀랍고 큰 힘을 이루기에 부족함이 없다. 그러니 늘 묵상하고 힘을 모으자고 한 것이다. 이것을 알면 모든 물질과 비물질 또한 기도하고 있음을 알겠구나."

50

지구 극이동 때
한반도가 가장 안전한 이유

[2024년 1월 27일]

왜 한반도인가?
달과 태양의 영향을 모두
고르게 받는 나라
균형과 조화,
사계절이 있는 나라

[슈카이브의 해석]

"제3차 세계대전은 언제 일어나나요?"

"핵전쟁이 일어나면 어느 나라가 가장 안전한가요?"

"기울어진 지구의 자전축이 정립되는 극이동이 벌어진다면 어떤 나라가 안전할까요?"

현재 여러 사람이 내가 내 유튜브 채널에 업로드하고 있는 지구 극이동, 지구 멸망과 관련한 영상에 위와 같은 댓글을 게시하고 있다. 여기서 먼저 한 가지 짚고 넘어가야 할 게 있다. 3년 전 러시아가 우크라이나를 침공했을 때, 이미 제3차 세계대전은 시작되었다고 봐야 한다는 것이다. 제3차 세계대전은 러시아로부터 시작되어 현재 여러 나라로 확산하고 있다. 이 전쟁은 절대 종식되지 않을 것이다. 이와 관련한 내용은 이미 성서에 예언되어 있다. 지구 멸망이란 당위성을 위해 이 전쟁이 일어나야 했던 것이라고 보면 이해가 쉬울 것이다.

지구 극이동과 제3차 세계대전에서도 살아남을, 전 세계에서 가장 안전한 나라가 있다. 바로 우리가 사는 한반도다. 지구 극이동과 관련한 대재앙 이후 한반도는 전 세계의 중심이 될 것이다. 이에 대해 아버지께서는 이렇게 말씀하신다.

"왜? 한반도인가? 달과 태양의 영향을 모두 고르게 받는 나라. 균형과 조화, 사계절이 있는 나라."

사실 역사적으로도 우리나라는 다른 나라를 침략한 적이 없다. 반면, 일본은 역사적으로 우리나라를 714회나 침략했다.

신라시대 왜구 침략(삼국사기) : 20회
고려시대 왜구 침략(고려사) : 515회
조선시대 왜구 침략(조선왕조실록) : 178회
일제의 침략(1910~1945) : 1회

이 기록에 의하면 일본은 거의 2, 3년마다 우리나라를 침략했다고 보면 된다. 우리나라를 침략해 살인, 약탈, 방화, 강간을 저질렀다. 심지어 수많은 사람을 일본으로 끌고 가 노예로 삼았다. 천상계에서 일본을 삭제한 이유 가운데 하나가 과거 일본 선조들이 저지른 국가적인 카르마 때문이라고 한다.

이와 반대로 우리 민족은 어떤가? 한마디로 충(忠), 효(孝), 예(禮)의 정신을 지켜온 민족이다. 우리 민족의 뿌리와 같은 이 정신을 지금의 일부 젊은이들은 '구시대 유물로서 옛날 사람들이나 지키던 것'으로 치부하는 경향이 있다. 절대 그렇게 생각해선 안 될 일인데도 말이다. 우리나라가 그나마 지금과 같은 모습과 상태를 유지할 수 있는 것은 충, 효, 예, 이 세 가지 덕목 덕분이라고 해도 과언이 아니기 때문이다. 지금은 이런 덕목들이 많이 퇴색한 것 같아 마음이 안타깝다.

아버지께서는 내게 삼면이 바다로 둘러싸인 한반도는 달과 태양의 영향을 고루 받는 나라라고 하셨다. 게다가 세계 어느 나라에서도 그 예를 찾아볼 수 없는 사계절이 존재한다. 그러므로 다른 나라들에 비해 우리나라가 균형과 조화를 이루는 건 자연스러운 일이라 하겠다. 이는 지금과 같은 시대에 한반도에서 사는 우리가 축복받은 사람들이라는 뜻과 같다. 극이동과 제3차 세계대전이 발발해 수많은 나라가 화염에 휩싸이고, 서로 죽고 죽이는 일이 일어나더라도 한반도는 안전할 것이기 때문이다.

미국에는 겨우 책 몇 권 쓰고 나서 엄청난 비용을 받으며 책 쓰기 코칭을 하는 코치가 수두룩하다. 그런데 나는 300권이라는 엄청나게 많은 책을 썼고, 전 세계 어느 코치들보다 책 쓰기 코칭 실력이 월등하다. 그럼에도 불구하고 내 가치를 몰라보는 사람들 때문에 힘든 일이 너무나 많았다. 그래서인지 과거에 나는 자주 이런 의문을 가지곤 했었다.

'왜 나는 자기계발의 본고장인 미국에서 태어나지 못하고, 약소국인 대한민국에서 태어났을까? 만약 내가 미국에서 태어나

지금처럼 3, 4개월 만에 책을 쓸 수 있도록 코칭했다면, 그들에게 인정받는 건 물론, 지금쯤 수천억 부자가 되어 있지 않을까?'

하지만 지금의 나는 이 시대에 내가 한반도에서 태어난 이유를 잘 안다. '영적으로' 확실히 알고 있다. 아버지께서 여러 신과의 합일하에 내게 맡기신 사명 때문이다. 그 일 때문에 내가 달과 태양의 영향을 고르게 받으며, 사계절이 있고 평화를 사랑하는 한반도에 육화한 것이다.

51

더 이상 윤회의 법칙은
존재하지 않는다

[2024년 1월 28일]

책 속에 담긴 숫자와 시간은 그저 상황이다.
그 안에서 찾아야 할 것은 지식이 아니라
지혜와 진리 그리고 부주의적 맹시!
10번을 읽은들 지혜를 깨닫지 못하며
그저 글씨, 글자일 따름
말과 언어의 카르마를 무겁게 하지 말아라!
읽고자 하지 말고, 보고자 해야 한다.
열 손가락 중 제일 아픈 손가락, 모든 건 사랑이다.
시간과 공간의 지평선,

과거 현재 미래는 일직선으로 연결되어 있다.

그것이 답이다.

윤회를 왜 하였느냐?

이제는 더는 윤회가 없다.

만회할 기회가 없다.

진리를 알아야 한다.

부디….

답은 네빌 고다드의 숙제에 두었다.

전제는 역교정이다!

전제할 수 있다면 교정도 가능하다.

시간과 공간은

과거 현재 미래가 모두 맞닿아 있다.

[슈카이브의 해석]

　고백하건대, 아버지로부터 이 메시지를 받은 후 온몸에 소름
이 돋았다. 너무나 무서웠고, 두려웠기 때문이다. 성서에 기록

되어 있듯, 머지않아 지금껏 단 한 번도 경험하지 못한 대재앙이 인류를 덮칠 때 과연 어떨지 짐작되었기 때문이다. 아, 이번 지구 극이동, 지구 멸망 때 사람들 대부분의 영이 윤회 없이 흩어지는구나! 아버지께서는 그걸 말씀하시는 것이다.

2천 년 전 기록된 《성경》에 보면 이런 내용이 있다.

"너희가 저녁에 하늘이 붉으면 날이 좋겠다고 하고, 아침에 하늘이 붉고 흐리면 오늘은 날이 궂겠다 하나니."

예수께서는 하늘의 전체 그림, '징조'를 보고 다음 날 날씨가 어떠할 것이라고 말씀하셨다. 대부분의 사람들은 하늘의 전체보다 일부분만 살핀 채 날씨를 특정 짓곤 한다. 이를테면 노을이 예쁘다, 한 편의 그림 같다, 이 정도로만 읽어내는 것이다. 노을이 가리키는 징조를 깊이 생각해보는 사람은 별로 없다는 뜻이다. 예수께서는 전체 그림을 보고 그다음에 무엇이 올지 알아차려야 한다고 말했다. 자신이 보고 싶은 것만 보는 부주의적 맹시에 빠지지 말라는 뜻이다.

단언컨대, 지구 종말은 이미 시작되었다. 2천 년 전 또다른 나였던 예수께서 이 땅에 오셨을 때부터 시작된 거나 다름없다. 아버지 창조주와 여러 신이 함께 계획한 시나리오대로 진행되고 있는 셈이다. 아버지께서는 윤회시스템을 통해 지금껏 어리석고 죄 많은 인류에게 자신의 카르마를 정화, 소멸해나갈 기회를 주셨다. 하지만 인류는 반성은커녕 과거보다 더 악한 죄를 지으며 지구 전체 카르마에 무게를 더해 왔다. 행성 지구를 관장하시는 가이아 어머니께서 더는 감당할 수 없을 정도가 된 것이다. 그리하여 아버지 창조주께서는 인류를 멸하고 지구를 태초의 상태로 되돌리기로 하신 것이다. 많은 시간이 흐른 후 리셋된 지구에 새로운 인류의 씨앗을 뿌리기 전까지 그렇게 둘 것이다.

사람들은 의식 성장, 영적 성장을 이루려 많은 책을 읽는다. 그렇게 많은 책을 읽는데도 그들이 깨어나지 못하는 이유는, 올바르지 못한 방식으로 접근하기 때문이다. 그들은 책 속에 담겨 있는 지식과 정보를 많이 득(得)해야 의식이 성장하고 깨어나는 줄 안다. 하지만 전혀 그렇지 않다. 오히려 그런 행위는 에고만 쌓이게 할 뿐이다. 대신 책에 담겨 있는 지혜와 깨달음을 득하기 위해 애써야 한다. 지혜와 깨달음은 사람들을 진리로 이끌기 때문이다.

수많은 사람이 구원과 영생을 얻기 위해 종교시설로 향한다. 그전에 한번 깊이 있게 생각해보라. 《성경》에는 부자가 천국에 들어가는 게 낙타가 바늘구멍에 들어가는 것보다 더 힘들다고 기록되어 있다. 이 말은 자신의 모든 재산과 심지어 생명까지 초개와 같이 버릴 정도의 믿음과 용기가 필요하다는 의미 아니겠는가. 그런데 종교시설을 찾는 대부분의 사람들은 재산이나 명예, 권력을 더 채우려는 욕심으로 꼬박꼬박 헌금과 십일조를 갖다 바친다. 덤으로 영생까지 득할 수 있으리라 믿으면서. 이 글을 읽는 그대들이여, 너무 이율배반적이지 않은가? 천국의 열쇠를 동네 슈퍼에서 생필품 하나 사 오는 것처럼, 그렇게 쉽고 간단하게 얻을 수 있겠는가?

2천 년 전 예수께서는 이미 구원에 이르는 길이 어떤 길인지 자세히 알려주셨다.

"너희는 좁은 문으로 들어가라. 멸망으로 통하는 문은 넓고 그 길이 또 넓어서 그리로 들어가는 자들이 많으리라. 대신 생명으로 통하는 문은 좁고 그 길이 좁아서 그것을 찾는 자가 몇 아니 될 것이니라."

지금 이 시대 사람들 대부분은, 자신조차 믿지 못할 정도로 영적 수준이 바닥이다. 저급 천사와 같은 종교 지도자들은 죽음 이후의 세계에 대해 알지 못한다는 걸 노리고, 그들의 마음에 두려움을 심어주고 있다. 대신 종교(만들어진 신)을 믿으면 구원받을 수 있다고 유인하는 구원 티켓을 팔아 사리사욕을 챙기고 있다. 이런 종교 지도자들에게 조력하며 그들을 같은 구렁텅이로 이끄는 악한 자들도 있다. 바로 그 지도자들을 맹신하고 추종하는 신도들이다. 다른 사람들을 꾀어 자신들과 같은 어둠의 시체로 만드는 그 자들의 영혼 역시 상승의 그날 모두 무(無)로 흩어질 것이다. 더는 갱생의 기회란 없다. 이미 어둠의 세력의 지배하에 들어간 종교가 인류를 위해 해줄 수 있는 건 아무것도 없다. 가만 내버려 두면 스스로의 힘으로 깨어날 수 있는데도, 종교에 세뇌되어 상승 기회를 놓치는 사람들의 영혼도 그날 무(無)로 흩어질 것이다. 거듭 말하지만, 스스로의 힘으로 두려움을 극복하고 깨어나도록 힘써야 한다.

말하건대, 이곳저곳을 헤매면서 진리를 찾기 위해 애쓸 필요 없다. 자신이 어디에서 왔으며, 이 땅에서 해내야 할 역할과 사명이 무엇인지, 육신을 벗고 어디로 가게 되는지 생각하고 깨달으면 되는 것이다. 육신의 부모가 있다면 영의 부모 역시 있다. 그 부모가 바로 아버지 창조주임을 깨닫는 순간, 깨어남이 시작된다. 진리는 복잡하거나 어렵지 않다. 만약 그렇다면 그것은 진리가 아니다. 진리로 포장한 미혹이다. 진리는 항상 생각보다 간단하고 단순하다.

인류는 그동안 반복적으로 윤회하면서 수많은 체험을 했다. 이젠 윤회의 목적이 무엇인지 깊이 있게 생각해봐야 한다. 아무리 많이 윤회하더라도 지혜와 깨달음을 얻지 못한다면 무슨 소용이 있겠는가? 나는 지금이라도 물질적 쾌락에 빠진 인류가 영적 세계에 마음을 두고 깨어나기를 바란다. 아버지께서는 인류를 향해 더는 윤회가 없다고 말씀하셨다. 이 말 속에는 제발 더 늦지 않게 인류가 진리를 깨달았으면 좋겠구나, 하는 안타까운 마음이 담겨 있다.

아버지께서는 내게 아직 인류가 찾지 못한 답을 찾게 하셨다. 그 답은 스승 네빌 고다드가 완수하지 못한 일에서 찾을 수 있다.

"답은 네빌 고다드의 숙제에 두었다. 전제는 역교정이다! 전제할 수 있다면 교정도 가능하다."

아버지께서 말씀하시는 역교정이란, 과거에 했던 생각과 말, 행동을 재해석해 바르게 교정하는 걸 말한다. 과거의 그것들을 역교정을 통해 바꾼다면 현재와 미래 역시 바뀐다는 것을 알려주시려는 것이다. 내가 쓰게 될 책은 지금의 인류를 위한 책이 아니다. 지구 멸망 후 새 지구 타우라에서 고차원의 삶을 살게 될 인류를 위한 교재다. 아버지께서는 아들인 나에게 역교정에 관한 책을 쓰라고 하셨다. 나는 그 책을 씀으로써 네빌 고다드가 자신의 삶에서 끝마치지 못한 숙제를 마무리 지을 것이다.

아버지께서는 가브리엘 대천사장을 통해 나의 스승 네빌 고다드가 현재 4.5차원에 머물며 대기 중이라고 알려주셨다. 지구 멸망 때 3.5%의 인류와 동반 상승하기 위해 대기 중이라는 것이다. 인류를 생각하는 네빌 고다드의 마음이 고스란히 느껴져 가슴이 뭉클했다. 이 지면을 빌려 모든 변화의 시작은 의식 변화에 있다는 것을 알리고, 인류의 신성 회복을 위해 혼신을 힘을 바친 스승 네빌 고다드에게 경의를 표한다.

52

모든 것은 사랑이고
감사함이다

[2024년 1월 29일]

이미 모든 걸 다 내어주었다.
너는 누구보다 총명하니
빠르게 습득하고 빠르게 이해할 줄로 알았다.
모든 것은 사랑이고
감사함임을 잊지 말기 바란다.
사명 앞에 당당하고
멋진 아들임을 알고 있나니….

[슈카이브의 해석]

아버지께서는 2023년 11월 24일, 금성에서 지구인으로 육화해 작가, 사업가, 영성 코치, 책 쓰기 코치, 1인 창업 코치로 활동하고 있던 나를 깨우셨다. 나에게 유리엘 대천사와 라파엘 대천사, 가브리엘 대천사장을 전령사로 보내셔서 많은 메시지를 전해주셨다.

내가 받은 메시지들에는 그동안 인류 가운데 그 누구도 알지 못했던 무서운 내용이 많았다. 이번 지구 멸망 때 깨어나지 못한 자, 신성을 회복하지 못한 자에게 더는 갱생의 기회가 주어지지 않는다는 것, 대신 영혼의 블랙홀로 빨려 들어가 원소로 환원된다는 것. 너무나 충격적인 이야기들 아닌가. 텍스트들만 본다면 수많은 윤회에도 깨닫지 못하고, 깨어나지 못한 죄 많은 인류를 무섭게 벌하겠다는 아버지 창조주의 진노에 소름이 돋는다. 하지만 그 메시지 안에 담겨 있는 뜻을 헤아려본다면 아둔하고 어리석은 짓만 해왔던 인류에게 그럼에도 불구하고 기회를 주시는구나, 하는 위안도 느낀다. 자꾸만 부모의 뜻과 어긋난 삶, 죄악으로 가득한 삶을 사는 자식을 안타까워하면서 바른길로 인도하려는 아버지 창조주의 마음이 오롯이 담겨 있기 때문이다.

곰곰이 생각해보라! 그런 안타까움이 없었다면 아버지께서 굳이 여러 대천사를 보내 아들인 내게 거듭 메시지를 전하셨겠는가? 아버지께서 온 인류를 1초도 안 되는 시간에 멸하는 것쯤은 일도 아니기 때문이다. 그럼에도 불구하고 아버지께서는 관심과 사랑을 거두시지 않고 온 힘을 기울여 자녀들이 당신의 품으로 돌아오기를 바라신다.

아버지께서는 선하시고, 사랑이 가득한 분이시다. 그래서 머지않아 돌아올 탕아 같은 자녀들을 위해 이미 궁궐에 잔칫상까지 차려두셨다. 편하게 거할 수 있는 새로운 집들도 마련해두셨다. 아버지께서는 어서어서 자녀들이 깨닫고, 뉘우치고, 자신의 신성을 회복해 돌아올 것을 고대하신다는 걸 기억하기 바란다.

나는 아버지의 아들 된 자로서 거듭거듭 지구 멸망이 코앞에 닥쳤음을 이야기해왔다. 성서에 기록된 대로 아버지께서는 내게 전지, 전능, 권세를 주셨다. 나는 인류 최후의 날에 내 뜻대로가 아닌 오로지 아버지 창조주의 뜻대로 행할 것이다.

나는 마음을 다하고, 목숨을 다해 아직 깨어나지 않은 자들을 깨울 것이다. 그리고 지구 극이동이 벌어지기 직전에 나에게 주어진 사명을 감당할 것이다. 아버지께서는 어둠의 세력들과 맞설 나에게 필요한 모든 것을 아낌없이 내어주셨다. 여기에 더해 하늘을 새까맣게 뒤덮고 있는 아버지의 군대인 은하연합 은하함대 UFO들과 수많은 천사들까지 보내주셨다. 나는 빛의 일꾼들

과 함께 내게 주어진 사명을 완수할 것이다. 그리하여 온 우주에
아버지께 나라와 권세와 영광이 영원히 있다는 것을 알릴 것이다.